Heiko Krimmer
Die heilige Kuh in der Kirche
Erlebnisse mit Gott in Indien

HEIKO KRIMMER

DIE HEILIGE KUH IN DER KIRCHE

ERLEBNISSE MIT GOTT IN INDIEN

SCM Hänssler

SCM

Stiftung Christliche Medien

Bestell-Nr. 394.984
ISBN 978-3-7751-4984-6

© Copyright der deutschen Ausgabe 2009 by
SCM Hänssler im SCM-Verlag GmbH & Co. KG · 71088 Holzgerlingen
Internet: www.scm-haenssler.de
E-Mail: info@scm-haenssler.de
Umschlaggestaltung: Jens Vogelsang, Aachen
Titelbild: shutterstock.de
Satz: Bittner Dokumedia, Hoisdorf
Druck und Bindung: CPI – Ebner & Spiegel, Ulm
Printed in Germany

INHALT

DIE MISSIONARISCHE KUH

In Seragudem, einem Dorf im Ostsiler, hat Pastor Arun eine kleine christliche Gemeinde gesammelt. Zuerst waren die Menschen sehr misstrauisch gegenüber dem »neuen« Gott. Aber Arun erhielt die Erlaubnis, die Kinder in einer Tagesschule zu unterrichten. Es gibt dort nämlich sonst keine Möglichkeit, eine Schule zu besuchen. Die Tagesschulen sind oft ein »Türöffner« für das Evangelium. Kinder erhalten dort Unterricht in den Grundfächern Lesen, Rechnen und Schreiben.

Unterrichtsbuch ist auch die Telugu-Bibel, also eine Bibelübersetzung in der Sprache, die in der Region gesprochen wird, weil andere Schulbücher nicht verfügbar sind. Doch gibt die Bibel durchaus auch schwierige Rechenaufgaben her: Wenn Jesus zum Beispiel bei der Speisung der fünftausend befiehlt, dass sich die Menschen in Gruppen zu je fünfzig lagern sollen, wie viele Gruppen ergibt das dann? Außerdem erhalten die Kinder Frühstück und ein warmes Mittagessen.

Über die Kinder erreichte Arun die Herzen einiger Eltern. Zehn Familien waren im Laufe der Monate Christen geworden und hatten sich taufen lassen. Die kleine Gemeinde hatte eine einfache Lehmkirche gebaut, und dort war jetzt die Tagesschule untergebracht. Auch die Gottesdienste, die Bibel- und Gebetsstunden wurden dort gehalten. Auf dem Dach hatte Pastor Arun – wie bei den meisten unserer Kirchen – einen Lautsprecher montiert, sodass seine Predigten im ganzen Dorf gehört werden können.

In Seragudem lebt Radendra mit seiner großen Familie. Er war im Dorf ein sehr angesehener Mann, besonders wegen seiner Kuh. Es war eine schöne Kuh mit blütenweißem Fell und wohlgeformten großen Hörnern. Die Menschen sahen in ihr eine Göttin, und Diwa – Göttin – so nannte sie Radendra. Er lebte von seiner »heiligen« Kuh. Die Leute kauften die getrockneten Kuhfladen und benutzten sie als Medizin, besonders bei Erkältungen. Selbst dem Kuh-Urin, abgefüllt in kleinen Fläschchen, wurde Heilkraft nachgesagt.

Dreimal in der Woche zog Radendra mit der Kuh Diwa durch das Dorf von Haus zu Haus. Dort trat dann stets die ganze Familie vor die Haustür, alle verneigten sich vor Diwa, ja knieten sogar nieder und beteten sie an. Die Hausfrau nahm dann einen Lappen und reinigte ehrfurchtsvoll die Hufe, der Hausherr stäubte ein wenig Farbpulver über die Hörner, und die Kinder bürsteten sorgfältig den Schwanz. Diwa bekam zu trinken und zu fressen, und die Familie zahlte Radendra fünfzig Rupien als »Opfer«. Diwa sollte so alles Böse und Unglück von Haus und Familie fernhalten.

Eine Besonderheit allerdings hatte Diwa, die Kuh: Immer wenn sie an der kleinen Lehmkirche vorbei kam und dort Unterricht stattfand, blieb sie stehen und war nicht zum Weitergehen zu bewegen. Meistens legte sie sich sogar nieder und stand erst wieder auf, wenn der Unterricht zu Ende war. Sie drängte sogar zur Kirche, besonders am Sonntagmorgen, wenn Gottesdienst war. Radendra konnte versuchen, was er wollte – Umwege machen, im Stall gutes Futter auslegen etc., Diwa drängte zur Kirche. Sie war eine regelmäßige Gottesdienstbesucherin und Radendra zwangsläufig auch.

Radendra machte gute Miene zum »merkwürdigen« Spiel. Er lernte dabei sogar viel, unter anderem lesen und rechnen wie die Kinder – Arun hatte ihm eine Bibel geschenkt, und er hörte die biblischen Geschichten mit und jeden Sonntag die Predigt.

Das blieb nicht ohne Wirkung. Langsam öffnete sich sein Herz für die Jesusbotschaft. Er erlaubte, dass auch seine Kinder die Tagesschule besuchen durften. Nach fast zwei Jahren kamen Radendra und seine ganze Familie zum Glauben und ließen sich taufen.

Die Dorfleute beobachteten diese ganze Entwicklung mit Staunen, aber auch mit Furcht. »Wer hält jetzt das Böse und das Unglück von uns fern?«, fragten sie Radendra. »Du und wohl auch deine Kuh Diwa, ihr seid ja jetzt Christen geworden.« Und Radendra antwortete: »Ja, Diwa hat mir den Weg zum Gott Jesus gewiesen. Folgt doch einfach ihrem Weg. Jesus hat Kraft gegen den Bösen.«

So füllte sich die Kirche in Seragudem, und viele fanden den Weg zu Jesus. Die »Kuh-Göttin« war zur Evangelistin geworden. Noch heute liegt sie bei jedem Gottesdienst im Hof der Kirche.

ADJAI HEISST SIEGER

Bonubagra, ein kleines Dorf in der weiten Flussebene des Godaveri. Die etwa 300 Menschen, die dort leben, haben ihr Auskommen. Die meisten sind Fischer und können vom Ertrag des täglichen Fangs gut leben. Im Sommer aber trocknet der Fluss fast aus. Dann bauen die Menschen auf den fruchtbaren Sandbänken Gemüse und Mais an. Rechtzeitig vor dem Monsunregen muss alles abgeerntet sein, denn dann wird der Fluss erneut zum reißenden Strom. Oft tritt er über die Ufer und überschwemmt große Teile seiner Umgebung. Deshalb ist Bonubagra auf einem Hügel gebaut. Trotzdem wurde das Dorf auch schon einige Male überschwemmt, aber meistens ohne größeren Schaden.

Die Leute in Bonubagra beten den Fluss als Gottheit an. Sie bringen ihm Opfer und verrichten täglich bei Sonnenaufgang ihre Gebete am Ufer. Der Fluss bringt ihnen Leben, und in seinen »wilden« Zeiten schreckt seine Zerstörungskraft.

Johnson, ein Pfarrer der Nethanja-Kirche, hat schon seit einigen Jahren im Dorf eine christliche Gemeinde gesammelt. Etwa 30 gläubige Getaufte leben als Leute Jesu in Bonubagra. Sie haben viele Widerstände und Anfeindungen zu erdulden. »Wir brauchen keinen neuen Gott«, sagen die Dorfbewohner zu den Christen. »Unser Fluss-Gott beschützt und beschenkt uns.«

Vor zwei Jahren kam es zu einer außergewöhnlichen Überschwemmung durch die heftigen Monsunregen. Die Fluten erreichten das Dorf und zerstörten einige Hütten. Zwei alte Menschen kamen sogar in dem wilden Wasser ums Leben. »Der Fluss-Gott ist zornig. Er bestraft uns wegen eures neuen Jesusgottes.« Die Dorfbewohner drangen auf die Christen ein. Es kam zu Schlägen, und schließlich zerstörten sie sogar die kleine Lehmkirche. Pfarrer Johnson tröstete und ermutigte die Gemeinde. »Wehrt euch nicht und bleibt im fürbittenden Gebet. Jesus wird euch segnen«, sagte er.

Raju war einer der schärfsten Gegner der Christen. Unablässig hetzte er gegen sie. Eines Nachts lauerte er mit einigen Genossen Pfarrer Johnson auf, und sie prügelten ihn halbtot. »Verschwinde von hier und nimm deine Anhänger mit, sonst werden wir euch alle töten!«, drohten sie ihm. Johnson erkannte Raju trotz der Dunkelheit, aber er verzichtete auf jegliche Anzeige oder Vergeltung.

Eines Tages heiratete Raju. Es gab ein großes Fest für das ganze Dorf. Die Christen aber wurden ausdrücklich nicht eingeladen. »Ihr gehört nicht mehr zu uns«, wurde ihnen unmissverständlich klar gemacht. »Lasst euch bei der Feier ja nicht blicken«, drohten Raju und seine Freunde. »Ihr würdet nur Unglück über die Familie bringen.« Die Gemeinde schwieg, doch an ihren wöchentlichen Gebetstagen beteten sie intensiv und namentlich für Raju.

Raju war überglücklich, und seine junge Frau Devi wurde schwanger. Er tat alles für sie, und beide bereiteten alles für das Baby vor. Jeden Tag opferten sie dem Fluss-Gott eine Schale Reis für eine glückliche Geburt. Dann setzten die Wehen ein. Erfahrene Frauen standen der Gebärenden bei, und schon nach fünf Stunden kam das Kind zur Welt. Ein Junge, höchstes Glück für Raju.

Doch am Abend bekam der Kleine Atemnot. Er begann, immer schwerer zu röcheln. Es ging ihm zusehends schlechter. In höchster Sorge eilten Raju und Devi zum Medizinmann des Dorfes. Er untersuchte das Baby. Dann schüttelte er den Kopf: »Ich kann keine Ursache finden. Das Kind ist wohl von einem bösen Geist besessen.« Der Zauberer wurde gerufen.

Er verlangte zuerst eine hohe Bezahlung – zwei Ziegen und zehn Hühner, und dann begann er mit seinen geheimnisvollen Austreibungsritualen.

Inzwischen wusste das ganze Dorf von dem Unglück der jungen Familie. Die Gesänge und Schreie des Dorfzauberers flößten allen Angst ein. Sie verschlossen ihre Häuser und Hütten. Der böse Geist sollte nicht bei ihnen Eingang finden.

Doch auch der Zauberer konnte nichts ausrichten. Der Junge wurde immer schwächer und atmete unregelmäßig. »Euer Kind ist verflucht. Ich kann nichts machen«, mit diesen grausamen Worten gab er das Baby den Eheleuten zurück. Die waren völlig verzweifelt. Da kam Devi noch ein Gedanke: »Vielleicht kann der Christengott Jesus helfen. Gehen wir zur Kirche.«

Es war Freitagabend. Die Christen treffen sich jeden Freitag zum Gebetsabend. Raju und Devi betraten zögernd die Kirche, wo die Gemeinde zum Gebet versammelt war. Devi stürzte auf Pfarrer Johnson zu. »Mein Kind stirbt, bitte deinen Gott, dass er hilft. Wir wissen sonst keine Hilfe mehr«, schluchzte sie. Auch Raju hatte Tränen in den Augen, getraute sich aber nicht zu bitten, zu sehr hatte er Pastor Johnson verfolgt. Der antwortete: »Jesus kann helfen, wir wollen bitten.« Sein kindliches Vertrauen steckte die anderen an, und die Gemeinde begann, für das Baby zu beten. Inzwischen war es schon ganz blau geworden und der Atem kaum noch spürbar.

Doch das Kind starb nicht. Stunde um Stunde beteten die Christen und riefen Jesus um Hilfe an. »Zeige deine Güte und Kraft Herr, dass alle hier im Dorf sehen, wie du barmherzig, gnädig und mächtig bist«, das war der Grundton in dieser Gebetsnacht.

Es wurde Tag. Zwölf Stunden schon hatten sie gebetet. Da wurde der Junge gesund. Er atmete tief und stetig, seine Haut wurde wieder rosig, und er begann sogar zu schreien. Die Eltern waren überglücklich und nahmen ihr Kind mit nach Hause. Im ganzen Dorf verbreitete sich die Nachricht von der Hilfe des Jesus-Gottes in Windeseile.

Am Sonntag kam fast das ganze Dorf zum Gottesdienst der Christen. Pfarrer Johnson predigte von der Liebe Gottes in Jesus Christus. »Er hat euer Kind geheilt, damit ihr an ihn glauben lernt«, sagte er ganz direkt zu Raju und Devi, die auch gekommen waren. Sie hatten Opfergaben mitgebracht, aber Pastor Johnson wies sie zurück: »Jesus will keine solchen Opfer, ihr müsst ihn nicht bezahlen. Er will euer Vertrauen.«

Raju und seine Frau kamen von da an in die Gemeinde. Sie erbaten Taufunterricht, und im November 2007 wurden beide getauft. Sie hatten ihren kleinen Sohn mitgebracht. »Bitte segne ihn und gib ihm einen Namen«, baten sie Pastor Johnson nach der Taufe. »Wie soll er denn heißen«, fragte dieser, und Raju antwortete laut vor allen Leuten: »Wir nennen ihn Adjai (das heißt auf Deutsch ›Sieger‹), denn Jesus ist der Sieger über seinem Leben.«

DIE BÖSE HAND

Godupallem ist ein kleines Dorf im Komanapalli-Gebiet. Dekan Abraham, unser ältester Mitarbeiter, ist in dieser Gegend schon lange als Gemeindegründer tätig. Es gibt dort heute etwa 40 Gemeinden der Nethanja-Kirche.

Seit zwei Jahren kam Abraham nun schon immer wieder nach Godupallem. Doch die Bewohner des Dorfes zeigten offen ihre Feindschaft. Zweimal vertrieben einige Burschen den Dekan sogar mit Stockschlägen aus Godupallem. Doch Abraham ließ sich nicht entmutigen. »Gerade diese hartnäckige Feindschaft zeigt mir, wie nötig die Menschen dort das Evangelium brauchen«, erklärte er mir auf meine Nachfrage, warum er sich solchen Gefahren aussetzte.

Schließlich fand er doch Aufnahme bei einer Familie in Godupallem. Sie hörten seiner Verkündigung zu und öffneten sich für das Evangelium. Nach einem halben Jahr ließ sich die ganze Familie taufen, Vater und Mutter, die drei erwachsenen Söhne und ihre Frauen, also acht Personen; außerdem gehörten noch zehn Kinder im Alter von ein bis elf Jahren zur Familie. Es war also schon eine kleine Gemeinde, eine »biblische« Hausgemeinde. Sie feierten jeden Sonntag Gottesdienst im geräumigen Hof ihres Anwesens. Dekan Abraham kam entweder selbst oder es kam einer seiner Evangelisten.

Familie Sinhar, so heißen diese ersten Christen in Godupallem, ging einen schweren Weg. Das ganze Dorf lehnte sie ab. Sie wurden Außenseiter und erlebten viele Angriffe. Einmal wurde ihr fast erntereifes Maisfeld verwüstet; dann ein junges Kalb vergiftet. Das Wasser in ihrem Brunnen wurde mit übel riechender Brühe verseucht, und die älteren Kinder wurden sogar einige Male verprügelt.

»Vergeltet nicht Böses mit Bösem«, predigte ihnen Dekan Abraham. »Der Herr wird für euch streiten.« Es fiel den Männern der Familie Sinhar bitter schwer, sich nicht zu verteidigen oder gar zu rächen. Aber sie vertrauten den Worten Jesu und wurden durch diese Bedrohungen zu Betern.

Rama war der Anführer der jungen Männer im Dorf. Er war auch der Hauptanstifter bei allen Angriffen gegen die Christenfamilie Sinhar. Sein Hass auf »die mit ihrem neuen Gott« trieb ihn zu immer neuen Attacken. Unter seiner Führung zog sonntags manchmal eine ganze Gruppe Jugendlicher zum Haus der Christen. Wenn diese dann ihren Gottesdienst feierten und dabei Lieder sangen, grölten die Angreifer und begannen, mit Steinen zu werfen. Die Christen mussten ins Haus flüchten. Dekan Abraham tröstete sie. »Wer mich bekennt vor den Menschen, den will ich auch bekennen vor meinem himmlischen Vater«, stellte er ihnen Jesu Verheißung vor Augen und auch sein ermunterndes Wort: »Fürchtet euch nicht vor denen, die den Leib töten können …«

Drei Tage nach einem dieser »Steine-Sonntage« ging eine Schreckensnachricht durch Godupallem: »Rama ist von einem Bären angefallen worden! Er ist schwer verletzt an seiner rechten Seite. Er wird wohl nicht überleben!« Auch der Medizinmann des Dorfes war dieser Meinung. Er konnte nicht helfen: »Die Wunden sind zu tief, da kann ich nichts machen.« Der Weg zum nächsten Krankenhaus, das waren fast zwei Tagesreisen. Bis er dort angekommen war, würde Rama tot sein.

Bei Familie Sinhar war an diesem Tag der Evangelist Elias zu Besuch. Elias hatte einige medizinische Kenntnisse in einem Erste-Hilfe-Kurs erworben, zu dem ihn Dekan Abraham geschickt hatte. Es gab ja im ganzen Komanapalli-Gebiet keinen Arzt, geschweige denn ein Krankenhaus. Da konnte es nur nützlich sein, wenn seine Evangelisten und Pfarrer auf dem Gebiet der Medizin wenigstens einige Grundkenntnisse hätten, so waren die Überlegungen Abrahams. Elias hatte immer auch einige Medikamente dabei, wenn er unterwegs war.

Er wagte es und bot Rama und dessen verzweifelter Familie seine Hilfe an. Sie lehnten zunächst ab, aber dann ließ sich Rama doch darauf ein, denn die Schmerzen wurden nun unerträglich. Elias nahm ihn mit in die Hütte von Familie Sinhar. Er säuberte und versorgte die Wunden mit den bescheidenen Mitteln, die ihm zur Verfügung standen. Ramas rechter Arm und besonders die Hand waren wüst zugerichtet. Damit hatte er wohl versucht, den Bären abzuwehren.

Rama wurde bewusstlos. Er musste in der Hütte bleiben. Die ganze Familie Sinhar umsorgte ihn. Sie sammelten sogar auf Anweisung Elias tief im Wald spezielle Heilkräuter. Stündlich wechselte Elias die heilenden Umschläge auf den Wunden. Und sie beteten. »Wir wollen Jesus bitten, dass er hilft und auch die Medizin gebraucht«, meinte Elias. »Nach menschlichem Ermessen ist die Situation sehr kritisch.«

Die kleine Gemeinde Sinhar betete am Lager des Verletzten. Misstrauisch beobachteten Ramas Familie und viele Dorfbewohner das Geschehen. Aber sie ließen Elias gewähren und nahmen auch das Beten zu Jesus hin. Es gab ja sonst keine Hoffnung auf Hilfe.

Vier Tage lag Rama in der Hütte der Christen. Elias war dageblieben und betreute ihn. Und Rama überstand die Krise. Die Wunden begannen zu heilen. Am Sonntagmorgen konnte er aufstehen. Während die Christen ihren Gottesdienst feierten, setzte Rama sich in eine Ecke des Hofes und hörte zu. Seine Familie und viele Dorfbewohner drängten sich am Zaun. Elias hatte eine große Hörerschar. Und »es ging ihnen durchs Herz«.

Auf einmal stand Rama auf. Noch geschwächt und angegriffen streckte er seine verbundene rechte Hand aus. »Mit dieser Hand habe ich letzten Sonntag Steine auf euch geworfen. Es war eine böse Hand. Jetzt habt ihr meine Hand und mein Leben gerettet. Es soll eine gute Hand werden«, so sein stockendes Zeugnis.

Godupallem ist heute eine große Gemeinde mit über hundert getauften Gemeindemitgliedern. Inzwischen haben sie eine bescheidene Lehmkirche, in der sie sich versammeln. Rama hat mit seiner »guten Hand« tatkräftig beim Bau mitgeholfen. Auch er ist inzwischen getauft.

VON DEN FESSELN BEFREIT

Lakshmi ist eine zierliche Frau. Bei der Mitarbeiter-Konferenz der Nethanja-Kirche 2008 saß sie immer ganz vorne in der zweiten Reihe und war eine sehr aufmerksame Zuhörerin. Ihr weißer Sari wies sie als Witwe aus. Doch ein kleines eingesticktes Kreuz auf dem Sari zeigte auch, dass sie eine Bibelfrau ist, die im Auftrag der Nethanja-Kirche Frauenarbeit leistet und das Evangelium in den Dschungeldörfern verkündigt. Bei den Bibelarbeiten schrieb sie eifrig mit, das gibt ihr Predigtstoff für ihren eigenen Dienst. Beim Gebet stand sie immer auf und öffnete die Arme weit. Sie hielt nicht die Hände in die Höhe wie viele andere, sondern betete mit seitlich weit ausgebreiteten Armen.

Ram Rao, ein Pfarrer der Nethanja-Kirche, stellte uns Lakshmi vor und erzählte ihre Geschichte. »Lakshmi, die Frau mit den geöffneten Armen« – das ist ihr Beiname. Sie kommt aus Bondupalli, einem Dschungeldorf im Siler, wo Pfarrer Ram Rao seinen Dienst tut. Lakshmi war im Dorf einst eine sehr geachtete, aber auch gefürchtete Frau. Sie besaß unerklärliche Kräfte. Sie konnte Flüche auf einzelne Dorfbewohner legen, die dann schlimme Folgen hatten, aber auch bei Krankheiten heilen und sogar die Zukunft einzelner Menschen voraussagen.

Pfarrer Ram Rao begegnete ihr einige Male. Meistens war sie freundlich und sanft. Doch konnte sie von einer Stunde auf die andere auch völlig anders sein: Sie stand dann vor ihrer Hütte, stieß immer wieder laute Schreie aus und – sie hatte dabei ihre Arme wie eiserne Klammern um ihren Leib gelegt. War sie in dieser Verfassung, machten die Dorfleute, von Furcht gepackt, einen großen Bogen um sie.

Ram Rao wollte Lakshmi einmal in diesem Zustand ansprechen, doch er erntete nur einen Schwall von wüsten Beschimpfungen und Flüchen. Sie ging sogar auf ihn los, wie ein Rammbock, die Arme fest um den Leib geklammert. Die Leute erzählten ihm, dass sie so zur Witwe geworden war. In diesem Zustand war sie vor zwei Jahren in ihrer Hütte auf ihren Mann losgestürmt. Dabei entwickelte Lakshmi eine ungeheure Kraft. Ihr Mann war ins offene Kochfeuer gefallen und später an seinen schweren Verbrennungen gestorben. Doch niemand traute sich, gegen Lakshmi vorzugehen oder sie anzusprechen.

Ram Rao wurde klar: Lakshmi war dämonisch besessen. Wenn sie in »normaler« Verfassung war, sprach er sie immer wieder an. Eins wurde dabei deutlich: Sie selber litt unter dem, was da immer wieder mit ihr geschah, konnte sich aber nicht davon befreien. Die fest klammernden Arme waren wie ein Symbol für ihr Leben: Sie war eine Gefangene, gefangen in okkulten Fesseln.

Eines Tages erzählte Ram Rao Lakshmi von Jesus, wie er Besessene befreit hatte. »Das kann er auch heute tun«, versicherte er ihr. »Du kannst ihm vertrauen. Er wird dein Leben verändern.« An einem Sonntag stand Lakshmi dann plötzlich in der Kirche. Sie war in ihrem »Gefangenen-Zustand«, den eigenen Körper mit ihren Armen fest umklammernd. Eine Männerstimme sprach laut aus ihr und belegte die ganze Gemeinde mit drohenden Flüchen.

Die Gemeinde war verstört und erschrocken. Ram Rao unterbrach den Gottesdienst, und er und einige Gemeindeälteste bildeten einen Kreis um Lakshmi und beteten für sie. »Ihr könnt mich nie forttreiben!«, schrie eine Stimme aus Lakshmi. »Ich werde euch vernichten!« Weitere Drohungen folgten. Doch sie hörten nicht auf zu beten. Nach einiger Zeit wurde Lakshmi ruhig. Plötzlich öffneten sich ihre Arme und sie weinte kraftlos. »Kann euer Jesus wirklich helfen? Ich möchte frei werden«, bat sie.

Lakshmi blieb in der Kirche. Die Gemeinde beschloss, eine Gebetskette zu bilden. Mindestens zehn Personen waren immer anwesend und beteten für Lakshmi. Auch begann die ganze Gemeinde zu fasten.

Es wurde ein richtiger Kampf. Drei Tage lang, Stunde um Stunde, einander ablösend, beteten die Christen. Immer wieder fiel Lakshmi in ihren »Gefangenen-Zustand«. Sechs Männer waren dann nötig, um sie zu halten und zu bändigen, aber nicht einmal sie waren fähig, ihre Arme zu lösen. Ihre Schreie gellten durch die Kirche, und die Flüche und Drohungen waren weithin zu hören. »Lasst uns ausdauernd bleiben«, ermutigte Pfarrer Ram Rao die Beter. Er selbst blieb die ganze Zeit bei Lakshmi. Er wusste: Hier wurde ein Kampf ausgetragen, und er vertraute auf die Kraft Jesu Christi.

Am Mittwochabend, mehr als 70 Stunden seit Beginn der Gebetskette, spitzte sich die Situation zu. Lakshmi wurde ungemein aggressiv, unflätige Sätze und Flüche stieß sie aus. Sie schlug um sich und riss einige der Anwesenden zu Boden. Doch dann wurde sie auf einmal ganz ruhig, und – ihre Arme lösten sich. Sie breitete beide Arme weit aus und begann mitzubeten.

Der Kampf war entschieden. Lakshmi war frei geworden. Die ganze Gemeinde versammelte sich und feierte einen Lob- und Dankgottesdienst. Lakshmi erbat Taufunterricht, und Pfarrer Ram Rao führte sie hinein in den Glauben. An Ostern 2007 wurde sie getauft. Seitdem arbeitet Lakshmi als Bibelfrau und ist für viele Frauen im Dschungel zum Segen geworden.

VOM TOTENORT
KOMMT NEUES LEBEN

Sikadam arbeitet schon lange Jahre als Pfarrer in der Nethanja-Kirche. Im Penuballi-Gebiet, einer abgelegenen Gegend nördlich von Narsapur, hat er schon viele Gemeinden gegründet. Bei der Mitarbeiter-Konferenz im Januar 2008 erzählte er von den mühevollen Anfängen. »Paul Komanapalli (der inzwischen verstorbene Leiter der Arbeit ›Christliche Mission Indien‹ in Narsapur) war die treibende Kraft«, berichtete er.

Ein Dorf stand in dieser Anfangszeit besonders im Mittelpunkt. Bajana Gudem war eines der zentralen Dörfer. Dort wohnten zwei einflussreiche Großgrundbesitzer, die das Leben der meisten Menschen in der Region bestimmten. Sie gaben ihnen Arbeit auf den Feldern und damit den Lebensunterhalt für viele Familien. Ohne ihre Zustimmung und ihr Wort geschah nichts.

Das wurde Sikadam bald klar, als er in Bajana Gudem seinen Dienst begann. Die Dorfbewohner wichen ihm aus, und niemand wollte darauf eingehen, wenn er abends zu Versammlungen einlud. Er aber ließ sich nicht entmutigen. Er begann, die Kinder zu sammeln, erzählte ihnen biblische Geschichten und brachte ihnen Lesen und Schreiben bei, denn es gab im ganzen Umkreis keine einzige Schule.

Nach zwei Monaten kam ein Mann in seine Hütte: »Eigaru (auf Deutsch ›der geehrte Herr‹) Mokan will mit dir reden.« Mokan war einer der Großgrundbesitzer. Am nächsten Tag folgte Sikadam der Aufforderung. Er wurde sehr ungnädig empfangen. Mokan war zornig und aufgebracht. »Du bringst viel Unruhe. Deinen fremden Gott Jesus, den brauchen wir hier nicht. Du verführst unsere Kinder«, so die Vorwürfe. Sie gipfelten in der Beschuldigung: »Du bist ein westlicher Spion und willst Indien schaden.«

Sikadam blieb ruhig und antwortete überlegt: »Ich will keine Unruhe machen und niemandem schaden. Um die Kinder kümmert sich ja sonst niemand. Ich will ihnen helfen.« Mokan hörte sogar zu, und so fuhr Sikadam fort: »Ich habe nichts mit dem Westen zu tun. Ich arbeite im Auftrag von Paul Komanapalli, einem angesehenen indischen Ingenieur in Narsapur.« Paul Komanapalli hatte in Deutschland ein Ingenieurstudium absolviert und dann in Narsapur eine große Lehrwerkstatt aufgebaut. Außerdem war ihm die Verbreitung des Evangeliums Herzenssache, und etwa 25 Pastoren und Bibelfrauen arbeiteten mit ihm.

»Ich verbiete dir vorläufig alle weitere Arbeit«, ließ ihn Mokan wissen. »Aber wir können weitersehen, wenn ich deinen Leiter kennengelernt habe.« Sikadam berichtete Paul, was sich zugetragen hatte, und der kam wenige Tage später und besuchte Mokan. Ihr Gespräch begann sehr zurückhaltend, aber als Mokan von der umfangreichen Sozialarbeit in Narsapur hörte, wurde er aufgeschlossener. Ihm war auch daran gelegen, dass die Menschen in seinem Gebiet Entwicklungsmöglichkeiten erhielten. »Nun gut, ihr könnt hier arbeiten«, beschied er Paul, »aber ich habe zwei Bedingungen: Ihr sollt allen Kindern den Schulbesuch ermöglichen und niemanden dazu zwingen, dem Gott Jesus nachzufolgen.« Beides sagte Paul erleichtert zu.

Mokan bot ihm sogar ein Stück Land an. »Dort könnt ihr eure Schule bauen«, erlaubte er. Doch dieses Angebot hatte einen Pferdefuß: Das Grundstück, etwa fünf Hektar groß, völlig verwildert, am Rand von Bajana Gudem, war für die

Menschen ein verfluchter Ort. Dort wurden nämlich bisher die Toten begraben. Normalerweise verbrennen die Hindus ihre Verstorbenen, aber Aussätzige werden einfach verscharrt, in Bajana Gudem eben auf diesem Grundstück. Wollte Mokan doch jeden christlichen Einfluss verhindern?

Er wollte wohl den Mut und die Ernsthaftigkeit der Christen prüfen, ihr Bekenntnis, dass der Gott Jesus alle Macht habe. Paul und Sikadam nahmen das Angebot an und bezahlten den geforderten Preis für das Grundstück. Aus der christlichen Gemeinde eines weiter entfernten Dorfes kamen auf ihre Bitte hin einige Männer, rodeten das Gelände und bereiteten es für den Hausbau vor.

Die Bewohner von Bajana Gudem sahen das mit Furcht. »Der Fluch wird die Christen treffen«, sagten sie zueinander. »Die bösen Geister werden sie krank machen.« Aber nichts geschah.

Nach zwei Wochen, an einem Sonntag, sollte der Gottesdienst zur Grundsteinlegung stattfinden. Mehr als hundert Christen aus weiter entfernten Dörfern waren auf die Bitte Pauls hin gekommen. Er hatte auch Mokan und die Dorfbewohner eingeladen. Sie kamen tatsächlich, aber keiner von ihnen wagte es, den Bauplatz zu betreten. Sie blieben in respektvoller Entfernung stehen.

Die Christen sangen Jesuslieder, beteten, und schließlich hielt Paul eine Predigt. Er sprach von der Kraft Jesu Christi und betonte ganz bewusst hier, am Totenort, seine Auferstehung. Dann wurde der Grundstein für das kleine Haus gelegt, das als Schule, Kirche und Wohnhaus für Sikadam dienen sollte. Paul ging auf Mokan zu, der wie die anderen Dorfbewohner am Rand des Grundstücks stand, und lud ihn ein, den Grundstein zu legen. Mokan sträubte sich zunächst, aber dann fasste er doch Mut und betrat das »verfluchte Land«. Unter Segensworten von Sikadam legte er die Steine in die vorbereitete Erdgrube. Der Bann war gebrochen. Auch die anderen Dorfbewohner kamen nun näher und ließen sich zum anschließenden Festessen einladen.

Heute steht an diesem Totenort ein Missionszentrum für das ganze Penuballi-Gebiet. In Bajana Gudem sind viele Familien Christen geworden. Der ehemalige »Totenort« ist mit Leben erfüllt, und Leben, ewiges Leben, wird von hier aus weiter getragen.

DIE HOCHZEITSGEMEINDE

Pondapalli ist ein Dorf am Rand des Siler-Dschungels. Pastor Ram besucht seit vier Jahren das Dorf, aber die Bewohner verhielten sich lange Zeit sehr ablehnend. Dann kam vor zwei Jahren der Dorfhäuptling Kripam zum Glauben. Er ließ sich taufen, und einige Zeit später folgten ihm darin auch seine Frau und die drei Söhne.

Die Dorfbewohner waren entsetzt. »Er kann nicht Häuptling bleiben. Er bringt mit seinem fremden Gott Unglück über uns«, so sagten viele. Doch die Meinungen gingen auseinander: »Er hat viele Jahre unser Dorf gut geleitet. Er ist treu und war immer gerecht.« Kripam hatte auch viele Fürsprecher.

Schließlich fasste die Versammlung einen Entschluss: »Du kannst unser Häuptling bleiben.« Das war ein großer Vertrauensbeweis für Kripam. Sie fuhren fort: »Aber es gibt drei Bedingungen: Erstens: Du sollst niemanden zu deinem Glauben zwingen. Zweitens: Du sollst die Dorfgötter nicht verachten. Und drittens soll bei den Götterfesten dein Stellvertreter die Leitung haben.« Kripam stimmte nach Rücksprache mit Pastor Ram dieser Regelung zu.

Der älteste Sohn der Familie, Situ, sollte heiraten. Kripam hatte für ihn eine Frau gesucht, wie das in Indien bis heute selbstverständlich ist. Priwa, so hieß die Braut, kam aus einem Nachbardorf und war ebenfalls getauft und Mitglied der Gemeinde. Die Hochzeitsvorbereitungen begannen, und die Gäste wurden eingeladen. Nur zögernd sagte Kripams große Hindu-Verwandtschaft zu. Und sie kamen wirklich.

Nach indischer Sitte wurde die Braut Priwa von ihrer Familie und ihrer gesamten Verwandtschaft nach Pondapalli gebracht und dort im Haus Kripams herzlich willkommen geheißen. Doch dann geschah ein schreckliches Unglück: Am Abend ihrer Ankunft beim Familienessen im kleinen Kreis brach Kripam plötzlich zusammen. Er konnte sich noch mühsam von allen verabschieden. Dann starb er.

Die Verwandtschaft, ja das ganze Dorf war entsetzt. »Das ist die Strafe der Götter«, war die überwiegende Meinung. Doch die größte Anklage traf Priwa, die Braut: »Sie ist verflucht. Durch sie kam das ganze Unglück.«

So ist das in Indien. Das ist das schlimme Los junger Frauen bei solchen Geschehen. Priwa musste verstoßen werden. Die Haare würden ihr abgeschnitten, aller Schmuck würde ihr abgenommen. Sie würde den Witwensari tragen und würde niemals heiraten dürfen. Niemand würde sie zu einem Fest einladen. Sie würde als verflucht gebrandmarkt sein, ein Leben lang. Aber es kam ganz anders.

Am nächsten Tag schon, wie in Indien üblich, wurde Kripam beerdigt. Das ganze Dorf war gekommen, und Pastor Ram predigte. Er verkündigte die christliche Botschaft vom ewigen Leben und von der Auferstehung. Dann wurde er sehr persönlich: »Kripam hat in den letzten Augenblicken seines Lebens seine Familie gesegnet, besonders Situ und Priwa.« Er erzählte: »Seine letzten Worte waren: ›Ich gehe nun zu der Hochzeit im Himmel. Ihr beiden sollt heiraten, so wie geplant. Ich segne euch dazu.‹« Die Menschen waren sprachlos. Das war gegen alle Sitten und Traditionen.

Doch die Witwe Kripams und seine Söhne sowie die Brautfamilie gingen diesen Weg. Sie beschlossen, den Hochzeitsgottesdienst drei Tage nach der Beerdigung Kripams zu feiern. Die Verwandten protestierten aufs Schärfste. »Das bringt größtes Unglück über uns als ganze Familie!

Der Zorn der Götter wird uns vernichten!«, drohten und hetzten sie.

Der Trauungsgottesdienst fand im großen Hof von Kripams Haus statt. Nur die engste Familie war versammelt. Jedoch: Das ganze Dorf war zusammengeströmt – nur standen sie in großer Entfernung von etwa fünfzig Metern. Dort verharrten auch alle Hindu-Verwandten der Familie. Sie wollten sich nicht beflecken mit dieser alle Götter erzürnenden Feier.

Wieder predigte Pastor Ram. Diesmal sprach er von der bedingungslosen Liebe Jesu zu uns Menschen, gerade auch zu denen, die ausgestoßen und verachtet sind. Und er wurde sehr deutlich und sprach Priwa direkt an: »Die Menschen sehen dich als verflucht an, doch Jesus segnet dich. Du sollst Unglück bringen, doch Jesus wird dich zum Segen machen. Du sollst ausgestoßen werden, doch Jesus nimmt dich ganz in seine Nähe.« Seine laute Stimme erreichte auch die »fernen« Zuhörer. Und dann segnete er Situ und Priwa als Ehepaar ein.

Kein Blitz fuhr vom Himmel, keiner fiel tot um. Kein anderes Unglück geschah, die Menschen konnten nur staunen. »Vielleicht ist doch wahr, was von der Liebe dieses Gottes Jesus gesagt wird?«, so fragten sich viele Dorfbewohner. Pastor Ram war ein einfühlsamer Gesprächspartner. Und es geschah: Das Evangelium sickerte in die Herzen der Menschen.

Heute gibt es in Pondapalli eine wachsende christliche Gemeinde. Die »Hochzeitsgemeinde« nennt Pastor Ram sie lächelnd.

DER MANN
MIT DEM ZWEITEN ATEM

Pastor Sundar lebt in Modapalem, einem Dorf im Ostsiler. Neben seiner Tätigkeit als Pastor arbeitet er drei Tage in der Woche als Kuli auf den Feldern. So ist er seinen Gemeindemitgliedern ganz nahe. Es gibt eine kleine Christengemeinde in Modapalem, aber sie ist zu arm, um Pastor Sundar ganz zu bezahlen. Sundar hat es abgelehnt, von der Leitung der Nethanja-Kirche Gehalt anzunehmen. »Unterstützt junge Evangelisten, die neue Gemeinden gründen. Ich komme schon zurecht. Paulus hat auch mit seinen Händen gearbeitet.«

Pastor Sundar ist ein demütiger und vollmächtiger Jesuszeuge. Er hat sich in Modapalem auch bei den Nichtchristen große Achtung erworben, gerade auch deshalb, weil er, wie sie, hart arbeitet. »Er will nicht ständig Opfer und Geld wie unsere Priester. Er will uns nicht ausbeuten, sondern wirklich mit uns leben«, so sagen die Leute.

Von Freitag bis Montag tut Sundar seine Gemeindearbeit, hält Gebets- und Bibelstunden, die Gottesdienste und macht Hausbesuche. Montag ist sein persönlicher »stiller« Tag. Da betet er, studiert die Bibel und bereitet seine Dienste vor.

Es war am Freitag, 28. Dezember 2007. Freitag ist der Gebets- und Fasttag der Gemeinde. Von 12 Uhr bis 24 Uhr versammeln sich die Christen zum Gebet. Jeder, der kann, kommt. Am Abend dann füllt sich die Kirche. Dann kommen auch die Gemeindemitglieder, die tagsüber arbeiten müssen. Die Christen beten für vielerlei Anliegen: Für Indien, für die

Regierung, für das ganze Dorf. Sie beten eine Namensliste der Dorfbewohner durch, sie beten für die Nethanja-Kirche, den Bischof, die Pfarrer und die Gemeinden, für Menschen, die in besonderen Nöten sind. Da sind die Stunden des Gebets schnell gefüllt.

Gegen 16 Uhr kam es plötzlich zu einer großen Unruhe. Ein Mann stürmte in die Kirche: »Surijo ist auf seinem Feld zusammengebrochen! Er liegt im Sterben! Komm schnell, Pastor Sundar!« Surijo war ein geachtetes, treues Gemeindemitglied, ein Ältester in der Gemeinde, der eng mit Pastor Sundar zusammenarbeitete. Sundar eilte mit einigen Gemeindemitgliedern auf das Feld. Die anderen beteten weiter.

Viele Menschen waren zusammengeströmt. Surijo lag auf dem Boden, totenblass, regungslos. »Er atmet nicht mehr. Er ist tot«, murmelte einer der Männer. Pastor Sundar beugte sich über den Leblosen, dann legte er sich mit ausgebreiteten Armen über ihn und begann, laut zu Jesus zu rufen. »Das nützt nichts mehr, tot ist tot, der Atem ist gegangen«, sagten einige. Pastor Sundar stand auf. »Bringt ihn in die Kirche«, befahl er. Sie hoben den Regungslosen auf und trugen ihn in die Kirche. Offensichtlich war alles Leben aus ihm gewichen.

Aber die Gemeinde betete weiter. Pastor Sundar ermutigte sie: »Jesus hat Kraft. Er kann Surijo wieder zu uns bringen.« Sein Glaube steckte die anderen an. Nach zwei Stunden – ein Seufzen! Staunend sahen die Menschen, wie das Leben in Surijo zurückkehrte. Er bekam wieder Farbe, fing an, regelmäßig zu atmen und schlug die Augen auf. Aus dem flehentlichen Bitten der Gemeinde wurde ein mitreißender Lobpreis Gottes und Jesu Christi. Das ganze Dorf kam ins Staunen.

Surijo ist heute ein Lebens-Evangelist in Modapalem. »Der Mann mit dem zweiten Atem« nennen ihn die Leute. Viele haben angefangen, nach dem Atem-Geber, nach Jesus, zu fragen.

IM ANGESICHT DER FEINDE

Elisa hat in Kothugada im Ostsiler-Gebiet seit fünf Jahren eine christliche Gemeinde gesammelt und betreut sie als Pastor der Nethanja-Kirche. Es ist eine sehr lebendige und stetig wachsende Gemeinde. Die Mitglieder brennen für Jesus und haben schon in drei Nachbardörfern Tochtergemeinden gegründet.

Zur Gemeinde in Kothugada gehören auch Prakash und sein Frau Sita. Sita stammt aus Gopal, einem Dorf, das etwa zwanzig Kilometer entfernt liegt. Sie ist die Tochter des Häuptlings Swama in Gopal und wurde mit Prakash verheiratet. Beide waren damals noch nicht gläubig. Dann aber hörten sie in Kothugada das Evangelium und ließen sich taufen. Als Häuptling Swama davon hörte, schäumte er vor Wut und verbot seiner Tochter und dem Schwiegersohn, jemals wieder nach Gopal zu kommen. Er erklärte Sita für tot.

Beide litten sehr unter dieser Trennung und beteten inständig für Swama und das ganze Dorf. Auch bei den Freitagsgebeten der Gemeinde baten sie immer wieder um das Mitbeten ihrer Gemeinde. Nach einigen Monaten erklärte Pastor Elisa dann: »Jetzt haben wir so lange für Gopal gebetet, jetzt wollen wir auch Schritte tun.« Zehn junge Leute, darunter auch Prakash und Sita, waren bereit, mit ihm nach Gopal zu gehen und dort von Jesus zu sprechen.

Gopal war nur auf einem anstrengenden Fußweg zu erreichen. Die Gruppe kam dort am späten Nachmittag an. Auf dem Dorfplatz begannen sie, Jesuslieder zu singen, begleitet von Trommeln, und Elisa begann eine Straßenpredigt. Die Dorfbewohner strömten zusammen, aber sie zeigten sich sehr ablehnend. Auch Häuptling Swama erschien, und er tobte vor Wut. »Wir wollen hier keinen Jesusgott. Verschwindet, sonst wird es euch übel ergehen!«, schrie er. Auch die Bitten seiner Tochter konnten ihn nicht besänftigen. Im Gegenteil: Er kam nur noch mehr in Zorn.

Und den Worten folgten Taten: Die erbosten Menschen begannen, auf die kleine Christengruppe einzuschlagen. Sie entrissen ihnen die Trommeln und zerstörten sie. Pastor Elisa und zwei anderen wurden ihre Bibeln aus den Händen gerissen, und die Menge verbrannte sie unter Johlen.

Pastor Elisa floh mit seiner Gruppe aus Gopal, verfolgt von wütenden Drohungen. Einige der Christen hatten blutende Wunden davongetragen. Sie wurden notdürftig verbunden. Es war jetzt Nacht, und sie übernachteten auf freiem Feld. »Selig seid ihr, wenn euch die Menschen um meinetwillen schmähen und verfolgen«, tröstete Pastor Elisa die verstörte Schar mit der Seligpreisung Jesu. »Der Herr wird unsere Gebete nicht vergeblich sein lassen«, setzte er zuversichtlich hinzu.

Nach einigen Wochen klopfte es nachts an der Hütte von Prakash und Sita. Draußen stand der Bruder von Sita. »Mutter hat mich geschickt«, stammelte er. »Vater ist sehr krank und wird wohl sterben. Vielleicht kann doch euer Gott Jesus helfen. Wir wissen keinen anderen Weg mehr.«

Pastor Elisa war gleich bereit mitzukommen, und so gingen sie früh am Morgen wieder nach Gopal. Häuptling Swama lag in seinem Haus in bejammernswertem Zustand. Er atmete stoßweise, hatte hohes Fieber und war bewusstlos. Die Gruppe der Christen kniete nieder und rief zu Jesus um Hilfe.

Vor dem Haus versammelten sich einige Dorfbewohner. Ihr Hass war ungebrochen. »Haut ab, ihr könnt ja doch nicht helfen. Ihr macht alles nur noch schlimmer. Ihr erzürnt unsere Götter, und ihre Strafe wird uns treffen!«, riefen sie. Einige nahmen ihre Stöcke und begannen wieder zu schlagen. Elisa und die anderen ließen sich nicht beirren und beteten weiter. Die Frau des Häuptlings, Sitas Mutter, versuchte, die Menge zu beruhigen: »Unsere Götter konnten nicht helfen. Wartet doch, ob nicht vielleicht dieser Jesus Kraft hat«, so bat sie. Murrend und finster beobachteten die Leute das Geschehen.

Und das Wunder geschah! Jesus zeigte seine Macht. Nach vier Stunden intensiven Gebets öffnete Swama die Augen. Dann stand er auf. Er war völlig gesund! Die Menschen in Gopal erschraken und staunten. Swama war auch innerlich verwandelt. Er umarmte seine Tochter und bedankte sich bei Pastor Elisa. Die Christen sangen ein Loblied, und diesmal störte sie keiner. Im Hof von Häuptling Swamas Haus predigte Elisa, und das ganze Dorf hörte zu.

Das war der erste Gottesdienst in Gopal. Sie finden jetzt regelmäßig statt. Swama und seine Familie haben sich inzwischen taufen lassen. Swama wurde der erste Gemeindeleiter in Gopal.

EINE GÖTTIN SUCHT HILFE

Lampeta ist ein abgelegenes Dorf in Orissa. Pastor Antony hatte dort eine kleine christliche Gemeinde gesammelt. Zehn Familien, etwa 40 Personen, versammelten sich regelmäßig zu Gottesdiensten, Bibel- und Gebetsstunden. Die Gemeinde hatte eine schlichte Kirche aus Bambus gebaut. Sie sparten auf eine feste Kirche.

Im Dorf leben etwa 400 Menschen. Sie standen den Christen ablehnend gegenüber, aber zu offener Feindschaft war es noch nicht gekommen. »Wir brauchen keinen neuen Gott«, antworteten sie auf die Einladungen von Pastor Antony. »Wir haben unsere eigene Göttin, die hilft uns.«

Damit meinten sie Shuka. Ihr Name bedeutet Licht. Sie lebte schon lange in Lampeta und hatte großen Einfluss. Sie war verwitwet und zog drei Töchter groß. Shuka hatte übernatürliche – okkulte – Kräfte. Die Menschen suchten mit ihren Nöten bei ihr Hilfe. Sie hatte schon vielen bei Krankheiten geholfen. Sie konnte ihre Kräfte aber auch zum Bösen einsetzen. Ihre Verfluchungen waren gefürchtet und hatten schon viel Unheil angerichtet.

Ihre »Dienste« ließ Shuka sich gut bezahlen, und davon und von den vielen Opfergaben konnten sie und ihre Töchter gut leben. Shuka war eine beeindruckende Gestalt. Sie war ungewöhnlich groß gewachsen für eine Frau. Sie trug immer einen leuchtend weißen Sari. Deshalb nannten die Leute sie die »weiße Göttin«. Wenn sie durchs Dorf ging, verneigten sich die Menschen ehrfürchtig. Sie drehten sich dabei weg, denn sie fürchteten den Blick der »weißen Göttin«. Sie hatte auch ihre Töchter in ihre »Künste« ein Stück weit eingeweiht.

Oft drangen monotone Sprechgesänge und dann wieder laute Schreie aus ihrer Hütte. »Die Göttin redet mit den Ahnen«, murmelten die Menschen dann und machten einen großen Bogen um die Hütte.

Seit drei Tagen waren die Beschwörungen nun schon aus Shukas Hütte im Dorf zu hören. Etwas Besonderes musste da im Gange sein. Und es war so. Diwa, die älteste Tochter Shukas, war schwer krank. Ihre Mutter versuchte, sie mit ihren Kräften zu heilen. Aber die Krankheit verschlimmerte sich noch. Das Fieber stieg und stieg, und Diwa wurde bewusstlos. Schließlich fiel sie ins Koma.

Und dann beobachteten die Dorfbewohner Erstaunliches: Es war Sonntagabend, und die christliche Gemeinde war zur Gebetsstunde zusammengekommen. Shuka kam aus ihrer Hütte. Ihre zwei anderen Töchter trugen die kranke Diwa auf einer einfachen Bahre, und die kleine Gruppe ging auf die Kirche zu.

Was musste das für eine Überwindung für Shuka sein! Aber die Sorge um ihre Tochter drängte alles andere in ihr zurück. »Ich kann nichts mehr machen, meine Götter können nicht helfen«, mit diesen Worten stellte sie die Bahre vor Pastor Antony ab. »Dein Gott Jesus hat doch Kraft, habe ich gehört. Bitte ihn, dass er Diwa hilft«, bat sie mit stockender Stimme. Pastor Antony war überwältigt von diesem Geschehen. Er wies die Bittende nicht ab. Mit der ganzen Gemeinde ging er auf die Knie, und sie riefen Jesus um Hilfe an.

Inzwischen hatten sich viele Dorfbewohner vor der Kirche eingefunden und verfolgten gespannt, was da geschah. »Die weiße Göttin sucht Hilfe bei dem Gott Jesus. Wer hat mehr Kraft?«, flüsterten sie untereinander.

Jesus hat Kraft und er zeigte seine Macht: Nach mehr als vier Stunden intensiven Gebets schlug Diwa die Augen auf. Sie kam wieder zu Bewusstsein und erholte sich zusehends. Es war ein klares Zeugnis für alle, die das miterlebten.

Und Shuka zögerte nicht. »Ich will nicht mehr eure Göttin sein«, sagte sie zu den Dorfbewohnern. »Ich will dem Gott Jesus vertrauen.« Und sie machte ganze Sache: Am 1. Januar 2008 ließ sich Shuka mit ihren drei Töchtern taufen. Sie bat Pastor Antony: »Gib mir den neuen Namen Shukandi (auf Deutsch ‚fröhliches Licht‘). Ich möchte für Jesus leuchten. Die Menschen sollen keine Furcht mehr vor mir haben, sondern zur Freude an Jesus kommen.«

Seitdem wächst die christliche Gemeinde in Lampeta. Shuka und ihre Töchter sind treue Gemeindemitglieder und eifrige Mitarbeiterinnen geworden. Shuka hält nun die Frauenstunden, nicht nur in Lampeta, sondern auch noch in einigen benachbarten Dörfern.

MIT BLINDHEIT GESCHLAGEN

Es war ein großes Fest für die Christen am Ostersonntag 2008 in Kalipeta, einem Dorf in Orissa. Fünfzehn Menschen ließen sich taufen. Dekan Amos hielt den Taufgottesdienst. In einem kleinen Fluss außerhalb des Dorfes stiegen die Täuflinge ins Wasser und wurden untergetaucht. Vorher stellte ihnen Dekan Amos die drei Tauffragen: »Glaubst du, dass Jesus Christus Gottes Sohn ist? Glaubst du, dass deine Sünden durch sein Blut am Kreuz vergeben sind? Willst du ihm treu bleiben, bis du stirbst oder bis er wiederkommt?« Es war eine bewegende Feier. Anschließend gab es ein Festessen für die ganze Gemeinde.

Zu dieser Tauffeier war auch die ganze Familie Shinar K. gekommen. Die beiden Töchter Kusuma und Pria hatte sich taufen lassen. Die Familie lebte im Nachbardorf Sirakulum, etwa drei Kilometer entfernt. Dort gab es noch keine christliche Gemeinde. Die einzigen Christen dort waren diese Familie.

Aber nicht die ganze Familie: Der Sohn Raju, achtzehn Jahre alt, war zwar zum Taufgottesdienst mitgekommen, aber er lehnte das Evangelium deutlich ab. »Wir isolieren uns im ganzen Dorf«, argumentierte er, und: »Wozu brauchen wir einen neuen Gott? Unsere Götter haben doch immer geholfen.« Die Eltern übten keinerlei Druck auf ihn aus. Sie beteten für ihn, dass Jesus sein Herz auftun möge.

Die festliche Versammlung am Fluss ging zu Ende. Es würde bald dunkel werden. Vater Shinar K. verabschiedete sich von Dekan Amos. »Wir gehen heim. Komm bitte in den nächsten Tagen wieder in unser Dorf. Wir möchten einen evangelistischen Gottesdienst abhalten«, bat er. Amos hatte aber noch ein anderes Anliegen. Ihm war berichtet worden, dass sich bei einem Hindutempel – er lag am Heimweg der Familie Shinar K. – viele Hindus versammelt hätten. Sie würden Kampfparolen gegen die Christen rufen und wären wohl äußerst wütend wegen der Taufen.

Dekan Amos bat Shinar zu warten: »Ich begleite euch. Ich habe ja ein Stück weit den gleichen Weg.« Also brach die kleine Gruppe gemeinsam auf. Inzwischen war es Nacht geworden. Mit zwei Fackeln erhellten sie ihren Weg.

Schon von weitem hörten sie die Hassgesänge am Tempel. Als sie näher kamen, sahen sie, dass die Straße komplett blockiert war. Nur ein kleiner Durchgang war noch frei, und dort wurde jeder, der hindurchgehen wollte, genau kontrolliert. Dekan Amos und die Familie Shinar K. berieten im Schutz der Dunkelheit, die Fackeln hatten sie gelöscht, was sie tun sollten. Besonders die Mädchen zitterten vor Angst. Umkehren? Sich vorbeischleichen?

»Da seht ihr, euer Gott Jesus bringt uns Unglück!«, schimpfte Raju. »Sie werden uns alle töten!« Doch Dekan Amos bekam eine innere Gewissheit. »Jesus wird uns bewahren«, sagte er zuversichtlich. »Er wird handeln wie an den Männern von Sodom.« Die Familie sah ihn verwirrt an. Da erzählte er ihnen die Geschichte aus 1. Mose 19, wie die Gottlosen in Sodom das Haus Lots angriffen, um seine Gäste in ihre Gewalt zu bringen und zu töten. »Da schlug sie der Herr mit Blindheit, sodass sie nicht einmal mehr die Haustür fanden«, schloss Amos die biblische Erzählung. Und dann betete er: »Herr Jesus, du hast alle Macht. Zeige deine Hilfe jetzt. Mach es so wie bei den Männern in Sodom. Schlage sie alle mit Blindheit.«

Dann winkte er der kleinen Gruppe, und sie traten auf die Straße. Überall brannten Feuer. Es war taghell. Amos ging auf den schmalen Durchlass zu. Die anderen folgten ihm. Und es geschah tatsächlich so: Niemand sah die sechs Menschen! Sie konnten ungehindert hindurchgehen, obwohl über zehn Leute den Durchgang genau im Auge hatten. Sie sahen sie nicht! Raju erkannte einige seiner Kameraden aus dem Dorf. Mit einem traf sich ganz direkt sein Blick. Aber auch der sah ihn nicht.

Als die Gruppe wieder von schützendem Dunkel umhüllt war, knieten sie am Rand der Straße nieder und dankten für Jesu Macht und Hilfe. »Der Gott Jesus hat Kraft«, Raju war sehr bewegt. »Ich will mehr über ihn wissen.« Bis jetzt hatte er sich immer geweigert, etwas aus der Bibel zu hören.

Drei Monate nach dieser Nacht ließ sich auch Raju taufen. Er bat Dekan Amos: »Ich will den Namen Michael annehmen.« Michael bedeutet: Wer ist wie Gott! Ein Name der Anbetung und des Lobpreises!

DAS GELBE DORF WIRD WEISS

Radipalli in Orissa ist bekannt unter dem Namen »das gelbe Dorf«. Schon beim Betreten erklärte sich der Name: Die allermeisten Bewohner trugen gelbe Kleider – die Frauen gelbe Saris ohne jede Verzierung und die Männer gelbe Lungis oder Dhotis, das längere Gewand. Auf den Gassen sah man viele Kühe, auch sie waren gelb, wohl eine besondere Rasse. Diese Kühe waren die Schutzgötter von Radipalli. Die Menschen verneigten sich vor ihnen und brachten ihnen Opfergaben.

Kühe bestimmten eigentlich das ganze Leben vieler Dorfbewohner: Der Kuhmist wurde gesammelt, und jeder Speise, die zubereitet wurde, wurde auch ein wenig Kuhdung beigemischt. Die Wände und der Boden der Hütten waren mit Kuhmist bestrichen. Sogar die Zähne wurden mit flüssigem Kuhmist geputzt und die Menschen sammelten und tranken den Urin der Kühe. »Sie sind heilig und erhalten unser Leben, beschützen und helfen uns«, das stand für sie fest.

In Radipalli gibt es auch eine kleine christliche Gemeinde. Pastor Josua hatte sie gegründet und betreute die sechs Familien, die dazugehörten. Sie hatten es nicht leicht im Dorf. Die Gottesdienste hielten sie im eingezäunten Hof einer Hütte. Dabei wurden sie immer wieder gestört. Manchmal flogen sogar Steine. Aber Pastor Josua lehnte alle Gegenwehr ab. Jeden Freitag, in ihrer Gebetsnacht, baten die Christen besonders für ihre Mitbewohner.

Häuptling Krishna, der in Radipalli das unumstrittene Oberhaupt war, hatte den Christen verboten, Kühe zu besitzen. Wer sich taufen ließ, musste seine Kuh ohne Entschädigung an ihn abgeben. »Christen können unsere Götter nicht versorgen. Sie sollen an ihren Gott Jesus glauben.«

So waren die christlichen Familien sehr arm, und die Männer spannten sich zum Beispiel beim Pflügen selbst vor den Pflug. Krishna drohte den Christen sogar, dass sie das Dorf bald verlassen müssten. Kein Christ durfte ein Kleidungsstück in gelber Farbe tragen, sondern nur einfachste weiße, eigentlich die Witwen- und Trauerfarbe. So waren sie im täglichen Leben leicht kenntlich: Die große Zahl der »Gelben«, die die Kühe anbeteten, und das kleine Häuflein der »Weißen«, die dem Gott Jesus nachfolgten.

Eines Morgens klangen Klagerufe durch das Dorf. Eine der heiligen Kühe lag tot auf der Straße. Sie war die Leitkuh gewesen, und ihr war am meisten geopfert worden. Sie hatte Häuptling Krishna gehört und war auch eine gute Einnahmequelle für ihn gewesen wegen der vielen Opfergaben. Er ordnete eine feierliche »Bestattung« für die heilige Kuh an, prächtiger als für einen Menschen. Auf einem großen Holzstoß, der mit Blumen und Kränzen bedeckt war, wurde sie verbrannt. Die Gesänge der Klagenden erfüllten das ganze Dorf. Von der verbliebenen Asche nahm sich jeder einen Teil, denn sie war heilig und konnte als wunderkräftige Medizin gebraucht werden.

Am nächsten Tag wurde Bawadi, die Frau von Häuptling Krishna, krank. Gerade sie hatte die verstorbene Kuh besonders betreut und gepflegt. »Sie ist verflucht. Sie hat der ›Göttin‹ nicht genug gedient«, flüsterten manche. Häuptling Krishna ließ zwei sehr bekannte Medizinmänner rufen. Sie vollzogen ihre Beschwörungsriten und verabreichten der Kranken ihre Heilmittel. Aber nach vier Tagen gaben sie auf. »Ihr ist nicht mehr zu helfen. Sie ist verflucht«, schlossen sie sich der allgemeinen Meinung an.

Krishna hatte seine Frau lieb und suchte verzweifelt nach einem Weg, ihr zu helfen. Bawadi lag mit hohem Fieber in der Hütte, hatte offensichtlich starke Schmerzen und verlor schließlich das Bewusstsein. In seiner Not griff Krishna zum letzten Mittel: Er hatte von der Kraft des Christengottes Jesus gehört. Heimlich war darüber geredet worden. Krishna hatte das zwar immer verboten, aber jetzt kam er zu Pastor Josua. »Hat dein Gott Jesus Kraft?«, fragte er ohne Umschweife. »Meine Frau stirbt. Unsere Kuh-Götter wollen oder können nicht helfen.«

Josua ging mit einigen Gemeindeältesten zur Hütte des Häuptlings. Er hatte Glaubenswagemut. »Jesus hat Kraft«, sagte er zu Krishna. »Wir wollen um seine Hilfe bitten.« Bawadis ganzer Körper war mit Kuhmist eingerieben. »Wascht sie«, befahl Josua. »Sie soll nichts von den Kuh-Göttern an sich haben.« Dann knieten die Christen am Lager Bawadis nieder und beteten.

Wie ein Lauffeuer hatte es sich im Dorf herumgesprochen: »Die Christen rufen ihren Gott Jesus für Bawadi an.« Viele versammelten sich vor der Hütte Krishnas. Es war eine vergleichbare Situation wie bei Elia auf dem Berg Karmel (siehe 1. Könige 18): Wer hatte wirklich Kraft? Die Kuh-Götter oder Jesus?

Es vergingen Stunden. Josua und die Ältesten beteten. Dazwischen sangen sie Jesuslieder. Stumm hörten Krishna und alle Versammelten zu. Dann, nach mehr als zwölf Stunden, ging ein Raunen durch die Menge. Bawadi war wieder zu sich gekommen! Sie schlug die Augen auf, ja, sie setzte sich auf und redete. Dann stand sie auf. Die Krankheit war gewichen!

Josua nutzte die Gelegenheit und hielt eine kurze Predigt: »Wer anfängt, Jesus zu vertrauen, wird seine Hilfe erfahren. Er will viel mehr tun, als er jetzt an Bawadi gezeigt hat. Er will uns sein ewiges, neues Leben geben. Er ist stärker als der Tod.« So schloss er.

Radipalli wird immer noch das »gelbe Dorf« genannt. Aber das ist nur noch ein Name. Nur noch wenige Bewohner huldigen den Kuh-Göttern. Viele haben ihre gelben Kleider abgelegt und sind Christen geworden, auch Krishna mit seiner ganzen Familie. Sie alle tragen nun – wie zum Bekenntnis – die weißen Kleider.

VOM FEIND BESCHÜTZT

Pullbani ist ein Dorf in Orissa. Pastor Rao hat dort eine christliche Gemeinde gesammelt, zu der etwa sechzig Getaufte gehören. Die Gemeinde ist immer wieder Angriffen ausgesetzt. Nur zwei Kilometer entfernt steht ein großer Hindutempel, Ziel vieler Pilger. Auf dem Weg dorthin kommen die Hindu-Pilger an der kleinen Lehmkirche der Christen in Pullbani vorbei. Schon oft haben sie dabei das Kreuz an der Frontseite der Kirche zerstört.

Einmal wurde die Kirche sogar angezündet und brannte vollständig aus. Die Gemeinde hat die Kirche wieder aufgebaut und erträgt geduldig solche Übergriffe. Die Polizei lässt das alles geschehen, ohne einzugreifen. Von ihnen ist keine Hilfe zu erwarten. »Jesus ist unser Schutz. Er ist unsere Hilfe«, tröstet Pastor Rao seine Gemeinde immer wieder.

Auch von anderer Seite kam Druck. Die Naxalites, kommunistische Terroristen, die Gerechtigkeit mit Gewalt erzwingen wollen, haben ihren versteckten Stützpunkt im Bergdschungel, wenige Kilometer von Pullbani entfernt. Mehrmals waren sie im Dorf aufgetaucht und hatten besonders Pastor Rao bedroht. »Hör auf, von diesem ausländischen Gott Jesus zu reden. Er macht die Menschen feige. Wer an ihn glaubt, der kämpft nicht mehr«, forderten sie. Einmal hatten sie Pastor Rao als Warnung blutig geschlagen.

»Ja, wir kämpfen nicht mit Waffen. Wir kämpfen mit der Liebe«, hatte er geantwortet. Und das war zu sehen. Pastor Rao betrieb im Dorf eine Tagesschule im Auftrag der Nethanja-Kirche. Zwanzig Kinder hatten täglich von 8 bis 13 Uhr Schulunterricht, bekamen dann zu essen und gingen wieder heim. Diese Kinder hätten sonst keine Möglichkeit gehabt, etwas zu lernen. Raos Frau unterwies einige Frauen im Nähen. Zwei Nähmaschinen waren angeschafft worden. Für einige junge Männer hat Pastor Rao Abendkurse eingerichtet. Sie lernten bessere Methoden für den Gemüseanbau, wie man effektiver bewässern kann, also alles Hilfen für die tägliche Praxis. Schließlich begannen die Terroristen, diese soziale Arbeit zu respektieren, ja, sie lobten sie sogar sehr und ließen die Gemeinde dann weithin unbehelligt.

Es war der 24. Dezember 2007. Heiligabend. Die Christen in Pullbani hatten schon Tage zuvor einen großen, roten, beleuchteten Stern auf dem Kirchendach montiert: Der »Stern von Bethlehem«, Symbol für Weihnachten bei den Christen in Indien. Der Stern, der die ersten »Heiden« zu Jesus führte. Die ganze Kirche war festlich geschmückt. Am Abend um 21 Uhr sollte der festliche Gottesdienst beginnen.

Aber auch die Hindus feierten an diesem 24. Dezember 2007 ein Götterfest in ihrem Tempel. Viele hundert Pilger hatten sich schon am Vortag versammelt. Sie waren auf ihrem Weg zum Tempel an der Kirche mit ihrem Stern vorbeigekommen, und sie war ihnen ein Dorn im Auge gewesen. Sie wollten den Weihnachtsgottesdienst der Christen verhindern. Dazu sollte eine Totenverbrennung dienen.

Am Vormittag des 24. Dezembers errichteten sie gegenüber der Kirche einen Holzstoß. Ein Mann war verstorben, und seine Leiche wurde nach hinduistischem Brauch eingeäschert. Am späten Nachmittag war das Feuer erloschen, und die Menschen gingen zurück zum Tempel. »Jetzt können die Christen nicht mehr feiern«, war die Feststellung. Nach hinduistischer Sitte darf an einem Verbrennungsplatz drei Tage lang keine Musik erklingen und keine Feier stattfinden.

Pastor Rao beriet sich mit den Gemeindeältesten. Sie beschlossen, ihren Gottesdienst am Abend zu halten, aber nicht wie gewohnt mit Lautsprecher, der die Lieder und die Predigt sonst im ganzen Dorf hörbar machte. »Wir feiern nur für uns«, sagten sie. Der Gottesdienst begann. Die ganze Gemeinde hatte sich versammelt. »Euch ist heute der Heiland geboren.« Das Weihnachtsevangelium erfasste die Herzen.

Pastor Rao hatte gerade mit seiner Predigt begonnen, da stürzte ein Mann herein. »Die Hindus sind auf dem Weg hierher. Sie wollen uns angreifen. Sie sind voller Hass«, rief er atemlos. Schon waren draußen Rufe zu hören. Es näherte sich eine Menschenmenge mit Fackeln. Viele trugen Messer oder Keulen in den Händen. Schrecken erfasste die Christen. »Sollen wir fliehen?« Die Mütter zogen ihre Kinder zu sich. Die Männer waren unentschlossen.

»Jesus wird uns helfen!« Pastor Rao trat mit ruhiger Autorität vor die Gemeinde: »Ich werde mit den Leuten reden.« Doch das konnte seinen Tod bedeuten. Die hasserfüllte Menge kam immer näher. Der Angriff schien unvermeidlich.

Da tauchten aus dem Dunkel plötzlich zwanzig Gestalten auf. Mit vorgehaltenen Gewehren stellten sie sich der Menge entgegen. Es waren die Naxalites unter ihrem Anführer Rama. »Lasst die Christen in Ruhe«, rief der den Leuten zu. »Sie haben das Recht, ihren Gott anzubeten. Sie tun hier viel Gutes, und wir werden sie schützen.« Die Angreifer bekamen Angst. Sie besprachen sich und zogen sich dann zurück.

Die Gemeinde beobachtete das Geschehen mit ungläubigem Staunen. Schließlich trat Rama auf Pastor Rao zu. »Feiert euren Gottesdienst nur zu Ende«, sagte er. »Was ihr tut, ist ja in Ordnung, und euer Gott Jesus will das so. Aber der Jesus ist und bleibt ein Feigling, der keinen Mumm hat zu kämpfen.«

Die Terroristen blieben bis zum Ende des Gottesdienstes und ließen sich sogar zum anschließenden Festessen einladen. »Aus deinen Feinden hast du eine Mauer um uns gebaut«, konnte Pastor Rao nur staunen.

WENN DU DURCHS FEUER GEHST

Dekan Amos ist für ein großes Gebiet im Siler-Dschungel verantwortlich. 41 Gemeinden und 64 Pastoren und Evangelisten betreut er. Er tut seinen Dienst unter vielen Gefahren. Im dichten Dschungel haben zum Beispiel viele Naxalites, kommunistische Terroristen, die mit oft brutaler Gewalt Gerechtigkeit erzwingen wollen, ihre Stützpunkte.

Sie lassen die christlichen Gemeinden zwar weithin unbehelligt, wegen der guten sozialen Arbeit, die sie tun, aber die Leiter der Gemeinden und besonders Dekan Amos als Verantwortlicher der Nethanja-Kirche geraten immer wieder ins Visier. Die klare Verkündigung des Evangeliums ist und bleibt ihnen Anstoß. Sie können mit einem Gott Jesus, der alle Gewalt ablehnt, nichts anfangen. »Wir vertrauen auf die Macht der Gewehre«, erklärten sie Amos bei einem Verhör. »Wir vertrauen auf die verändernde Liebe Gottes«, war dessen Antwort. Er war deswegen schon einige Male verprügelt worden. Aber er ließ sich nicht einschüchtern.

Auch radikale Hindus sind eine ständige Bedrohung für die Gemeinden und ihre Leiter. Übergriffe der Radikalen auf die Gemeinden, auch mit Gewalt, gibt es immer wieder. Sie haben bisher schon fünf Kirchen angezündet. Gott sei Dank, blieb es bei Sachschaden.

Radikale Hindus lehnen den Gott Jesus ab, weil bei ihm alle Menschen gleich sind, er alle gleichermaßen liebt. So viel haben sie vom Evangelium begriffen. Das ist völlig entgegengesetzt zur Hindu-Religion, die die Menschen in verschiedene Kasten einteilt. Dabei haben die unteren Kasten den höheren zu gehorchen und zu dienen, und sie werden oft erbarmungslos ausgebeutet.

Ein Wechsel der Kasten, ein Aufstieg, ist nicht möglich. Erst bei einer »Wiedergeburt«, also im nächsten Leben, ist eine Veränderung möglich. Wer in seinem Leben gut und seiner Kaste gemäß gehandelt hat, kann in seinem nächsten Leben auf einer höheren Stufe zur Welt kommen. Die Hindus glauben an mehr als drei Millionen solcher Wiedergeburten.

Wieder einmal blockierten die Naxalites alle Straßen und Wege in dem Gebiet, das Dekan Amos betreut. Sie lieferten sich erbitterte Kämpfe mit der Polizei. Jeder, der nicht unbedingt unterwegs sein musste, blieb zu Hause. Man konnte sonst leicht zwischen die Fronten geraten.

Zu der Zeit erhielt Dekan Amos einen Hilferuf. Pastor Anand aus Waranga hatte bei Nacht einen Boten geschickt: Sie hätten keinen Reis mehr. In Waranga betreibt Pastor Anand eine Tagesschule mit zwanzig Kindern, die sonst keine Möglichkeit hätten, etwas zu lernen. Sie bekommen auch jeden Tag ein warmes Mittagessen. Aber jetzt waren alle Vorräte erschöpft und durch die Kämpfe jede Lieferung unmöglich.

Amos ist ein mutiger Mann, und er beschloss zu helfen. Er belud sein Fahrrad mit drei Säcken Reis und machte sich auf den Weg nach Waranga. Nach kurzer Zeit hielt ein Lastwagen. Der mutige Fahrer transportierte Nachschub für eine Polizeieinheit. Er bot Amos an, ihn ein gutes Stück mitzunehmen. Amos war dankbar für die Hilfe, und schnell war das Fahrrad auf der Pritsche des Lastwagens verstaut.

Zunächst blieb alles ruhig. Doch dann, nach etwa fünfzehn Kilometern Fahrt, stießen sie auf eine Straßenblockade. Die Naxalites hatten Autoreifen angezündet. Es war kein Durchkommen. »Wir müssen umkehren«, beschloss der Fahrer. In dem Augenblick tauchten auch hinter ihnen Terroristen auf und begannen, ebenfalls Autoreifen zu verbrennen. Amos und der Fahrer saßen in der Falle.

Das Feuer griff rasch auch auf den Dschungel über, und bald war alles in dichten Rauch gehüllt. Amos hob sein Fahrrad mit den Reissäcken von der Ladepritsche. »Ich versuche, durch den Dschungel zu entkommen«, meinte er. Der Fahrer schloss sich ihm an.

Doch wie sollten sie entkommen? Der dichte Rauch bot zwar etwas Deckung, aber gleichzeitig umgab das Feuer sie von allen Seiten und machte auch eine Flucht seitlich in den Dschungel unmöglich. Doch plötzlich bot sich eine Lücke, denn über die Straße floss auf einmal ein Bach! Das Wasser löschte auf einer Breite von zwei Metern die Flammen. Amos und der Fahrer folgten dem Lauf des Wassers und verschwanden im Dschungel. Sie waren gerettet!

Noch nie zuvor hatte Amos an dieser Stelle einen Bach gesehen. Aber er dankte Jesus und dachte an das Wort aus Jesaja 43,2: »Wenn du ins Feuer gehst, sollst du nicht brennen.« Er gelangte wohlbehalten nach Waranga, und die Erleichterung und Freude bei Pastor Anand war riesengroß. »Wir haben einen starken Jesus!«, strahlte der, als Dekan Amos sein Erlebnis erzählte.

Einige Tage später hörte Dekan Amos folgenden Bericht von einem Gemeindemitglied, der beim Staudamm arbeitete: »Am Montag (das war der Tag, an dem Amos unterwegs gewesen war) hatten wir ein Leck am Damm. Das herausströmende Wasser drohte großen Schaden anzurichten. Aber wir konnten das Leck nach zwei Stunden abdichten und so größere Probleme verhindern.« Amos sagte nichts dazu. Das also war der »Bach« gewesen, der sie durchs Feuer geleitet hatte. Jesus hat viele Wege, den Seinen zu helfen.

AUS DEM MUND DER KINDER

… schaffst du dir Lob, deinen Gegnern zum Trotz. (Psalm 8,3 *EÜ*)

Padama ist ein fröhliches Mädchen in unserem Mädchen-Kinderdorf in Vizag. Sie ist quicklebendig, immer in Bewegung und hat ein ansteckendes Lachen. Sie ist schon über zehn Jahre bei uns. Amos erzählte uns ihre Geschichte:

Padama kommt aus Katnam, einem Dorf in der weiten Ebene des Godaveri-Flusses. Dort lebt ihre Familie. Ihr Vater Raki hatte einst Shrinar geheiratet. Die beiden waren sehr glücklich miteinander gewesen. Doch Shrinar hatte es nicht leicht im Haus ihrer Schwiegereltern. Ihre Schwiegermutter Lakshmi war eine harte, ja manchmal böse Frau. Sie hatte eine tiefe Abneigung gegen ihre Schwiegertochter, eben weil Raki sie aus Liebe geheiratet hatte und nicht dem Rat der Eltern gefolgt war. Die Mitgift war deshalb längst nicht so groß gewesen, wie sich Rakis Eltern erhofft hatten.

Das ließ Lakshmi ihre Schwiegertochter ständig spüren. Shrinar musste alle schweren Arbeiten verrichten und bekam nie ein gutes Wort zu hören. Raki aber hielt zu seiner Frau und tröstete sie immer wieder: »Wenn wir erst ein Kind haben, einen Sohn, dann wird alles besser.«

Shrinar wurde schwanger. Ihre Schwiegermutter nahm kaum Rücksicht und bürdete ihr weiter schwere Arbeit auf. Dann kam der Tag der Geburt. Es waren schwere Stunden. Zwei Frauen aus dem Dorf standen Shrinar bei. Aber ihre Kräfte reichten nicht. Nach zehn Stunden Kampf wurde das Mädchen Padama geboren, aber ihre Mutter Shrinar starb dabei.

Raki war tieftraurig, und hilflos hielt er das kleine Bündel Mensch auf dem Arm. Seine Mutter war sehr zornig. »Das ist ein Unglückskind, ein Kind des Bösen! Ich dulde es auf keinen Fall in meinem Haus!«, herrschte sie Raki an. »Am besten, du legst es weg und lässt es sterben.« Das geschieht in Indien oft mit unerwünschten Kindern, besonders mit Mädchen. Sie werden an einer einsamen Stelle ausgesetzt und sterben.

Raki wusste nicht, was tun. Er wollte sein Kind nicht sterben lassen. Heimlich übergab er Padama einer mitleidigen Nachbarin. Doch als Lakshmi das erfuhr, tobte sie vor Wut: »Und wenn ich das Baby eigenhändig erwürgen muss, es kann nicht am Leben bleiben! Es bringt nur Unglück und Böses!«

In seiner Not ging Raki mit dem Baby zu Pastor Joel, der die kleine christliche Gemeinde in Katnam betreute. »Ihr Christen seid doch mitleidige Leute, habe ich gehört. Bitte hilf meinem Kind«, bat er. Pastor Joel nahm das Baby mit nach Vizag, und dort fand Padama Aufnahme im Kinderheim.

Manchmal besuchte Raki seine Tochter. Heimlich, denn seine Mutter durfte nichts davon wissen. Sie wusste nicht einmal genau, ob Padama noch lebte. Raki hatte nach einiger Zeit wieder geheiratet und hatte bald zwei weitere Kinder, einen Jungen und ein Mädchen. Er hatte seiner Frau nichts Genaues über seine Tochter aus erster Ehe erzählt. Aber dann fragte sie ihn nach den Einzelheiten. »Bring Padama doch einmal mit«, bat sie Raki. »Sie ist doch auch dein Kind.«

Nach mehr als acht Jahren im Kinderheim kam Padama so wieder einmal heim. Ihre Großmutter Lakshmi war inzwischen alt geworden und auch schwer krank. Sie hatte Asthma, und die Erstickungsanfälle zehrten ihre Kraft auf. Trotzdem rief sie: »Tut mir das Kind aus den Augen! Ich will nichts mit ihr zu tun haben. Sie ist und bleibt eine Geburt des Bösen!«

Doch Padama hatte Mitleid mit ihrer Großmutter. In der Nacht hörte sie ihr krampfhaftes Keuchen und die erstickten

Schreie. Am Morgen sagte sie zu ihrem Vater: »Ich kenne den Gott Jesus. Der kann helfen. Lass mich bei der Oma beten.« Zögernd stimmte Raki zu.

Lakshmi lag völlig erschöpft, fast bewusstlos auf ihrem Bett. Padama kniete nieder und bat Jesus um Hilfe. Die alte Frau wollte abwehren, aber sie war zu schwach dazu. Padama betete weiter, dann sang sie leise ein Jesuslied: »Jesus mein Helfer, mein Retter. Halleluja, ich lobe dich.«

Staunend beobachtete die Familie, was geschah: Lakshmi schlug die Augen auf. Sie kam zu klarem Bewusstsein. Das röchelnde Atmen hörte ganz auf. Schließlich setzte sie sich auf. Sie konnte sogar stehen. Ihre Kräfte waren wieder da. Sie war gesund geworden!

Staunend sah sie ihre Enkelin an: »Dein Gott Jesus ist groß. Sag mir mehr von ihm.« Die fünf Tage, die Padama zu Hause war, wurden für die Familie zu einer Evangelisation. Das Mädchen erzählte die biblischen Geschichten, die sie kannte, und sang die christlichen Lieder. Die Familie öffnete ihr Herz für das Evangelium. Auch Pastor Joel besuchte die Familie.

Padama kehrte ins Kinderheim zurück. Sie will einmal Ärztin werden. Nach einem Jahr ließ sich ihre ganze Familie taufen. Padamas kindliches Vertrauen hatte große Frucht gebracht.

JESUS MACHT DAS LEBEN HELL

Ragu lebt in Vinagam, einer kleinen Stadt in der Nähe von Rajahmundry. Bis zu seinem zehnten Lebensjahr wuchs er in einer guten Familie auf. Dann starb seine Mutter. Sein Vater heiratete wieder. Die neue Stiefmutter aber wollte von Ragu nichts wissen und behandelte ihn sehr schlecht. Oft bekam er nichts zu essen und wurde im Haus nicht geduldet. Als dann ein Kind zur Welt kam, wurde er vollends abgeschoben. Auch sein Vater hielt nicht zu ihm, und so lebte Ragu bald auf der Straße.

Er schloss sich einer Jungenbande an. Sie »verdienten« ihren Lebensunterhalt mit Diebstählen und Überfällen. Schließlich wurde Ragu verhaftet und kam für ein Jahr ins Gefängnis. Dort verrohte er noch mehr und lernte üble Tricks und harte Gewalt. Seine »Karriere« als Gangster schien vorgezeichnet.

An einem Sonntag kam Pastor John in das Gefängnis. Er durfte dort einen Gottesdienst halten – eine große, weite Tür, die der freundliche Gefängnisdirektor damit geöffnet hatte. Pastor John arbeitet in der Nethanja-Kirche, in der Abteilung *Shalom Ministries*, die Pratab Komanapalli in Rajahmundry aufgebaut hat.

Es war der 2. Weihnachtfeiertag. John predigte von der großen Liebe Gottes: »Gott ist als kleines Baby auf diese Welt gekommen. Für das Jesuskind war kein Platz in Bethlehem. Es musste in einer Futterkrippe liegen. Die Menschen haben ihn auch später angefeindet und ausgestoßen. Seine eigene Familie wollte nichts von ihm wissen. Schließlich wurde er getötet. Aber er hat nie aufgehört zu lieben. Ja, sein Tod am Kreuz bringt uns die Rettung. Er bezahlte dort für unsere Sünden. Wer an Jesus glaubt, der hat ewiges Leben.«

Ragu saß in einer Ecke des Gefängnishofes und hörte zunächst widerwillig zu. Er wollte schon weggehen, doch dann traf ihn der Satz: »Seine eigene Familie wollte nichts von ihm wissen.« Er dachte an sein eigenes Schicksal. Was war das für ein Gott, der sich so behandeln ließ? Nach der Predigt sprach Ragu Pastor John an. Es wurde ein langes Gespräch, das Ragu sehr nachdenklich machte. »In drei Wochen werde ich entlassen. Darf ich dann zu dir kommen und mehr hören?«, fragte er Pastor John zögernd. Der stimmte zu.

Später nahm er Ragu mit nach Rajahmundry. Pratab hatte dort ein ausführliches Gespräch mit ihm und meinte dann: »Ich will dir eine Chance geben. Du kannst in unserer Elektronik-Werkstatt eine Ausbildung beginnen. Aber das ist eine harte Zeit mit Lernen und Arbeiten.« Ragu nahm das Angebot dankbar an. Sein Leben nahm nun eine ganz neue Richtung.

Der Umgang mit elektrischem Strom faszinierte Ragu. »Der macht alles hell«, sagte er immer wieder. Er lernte gut und entwickelte ein großes Geschick bei der Reparatur von elektronischen Geräten wie Fernsehern, Recordern und Haushaltsgeräten. Jeden Morgen hörte er in den Andachten, die Pratab oder einer der Pastoren hielt, Gottes Wort. Auch bei den Gottesdiensten der Nethanja-Kirche war er aufmerksam dabei. »Das macht mein Herz hell«, sagt er einmal zu Pratab. »Die Bibel ist ein ›Jesus-Strom‹.« Schließlich bat er darum, getauft zu werden und wurde bewusst Christ.

Nach drei Jahren hatte er seine Ausbildung beendet. Nach der Abschlussfeier kam er zu Pratab: »Du bist mir zum Vater geworden. Bitte suche für mich eine Frau. Ich vertraue dir. Mein leiblicher Vater will ja nichts von mir wissen.« Pratab freute sich über dieses Zutrauen und erfüllte Ragus Bitte. Eine junge Frau, die im Mädchenkinderdorf arbeitete, war bereit, Ragu zu heiraten, und Pratab richtete die Hochzeit aus.

Ragu zog mit seiner jungen Frau in seine Heimatstadt Vinagam. Mit Pratabs Hilfe eröffnete er dort eine kleine Reparaturwerkstatt mit Verkauf. Einmal wurde es sehr kritisch. Einige Mitglieder seiner früheren »Bande« überfielen ihn in seinem Laden. Sie schlugen ihn blutig: »Glaube ja nicht, dass du etwas Besseres bist!« Ragu wehrte sich nicht. »Ich bin nicht besser als ihr«, entgegnete er, »aber ich habe den Besten kennen gelernt, den Gott Jesus. Der hat mein Leben hell und neu gemacht.«

Kopfschüttelnd zogen die alten Kumpane ab. Aber sie ließen ihn fortan in Ruhe. Ja, der eine oder andere kam sogar heimlich zu ihm und wollte mehr hören. Zwei seiner Gang-Mitglieder stellte Ragu ein Jahr später als Hilfskräfte ein.

Ich besuchte Ragu im Januar 2008 in seinem Laden. Er hat inzwischen einen Sohn. Der Laden und die Werkstatt laufen gut, und Ragu verdient genug zum Leben. Bald vielleicht kann er sogar die gemieteten Räume kaufen.

An der Stirnseite des Ladens hängt ein großes Plakat mit dem Bibelwort: »Dein Wort ist meines Fußes Leuchte und ein Licht auf meinem Weg.« Daneben ist eine Lampe zu sehen und ein Kabel, das in eine Steckdose gesteckt wird. »Der Jesus-Strom macht hell«, hat Ragu mit eigener Hand dazugeschrieben.

DIE LETZTE CHANCE

Modhu kommt aus Nagadam, einem Dorf im Dschungel Orissas. Etwa 300 Leute leben dort. Es ist ein abgelegenes Dorf und nur auf schmalen Fußpfaden erreichbar. Modhu hat noch zwei jüngere Schwestern und erlebte eine weitgehend sorglose Kindheit. Sein Vater Rakandu war der Häuptling und zugleich auch der reichste Mann in Nagadam. Zwei Kühe und zehn Ziegen gehörten ihm, und er hatte die ertragreichsten Felder.

Die Menschen in Nagadam sind Animisten. Sie beten Bäume und Steine als Götter an und bringen ihnen Tieropfer. Die Furcht vor Geistern bestimmt ihr Leben, und der Dorfzauberer hat großen Einfluss.

Einmal weinte Modhu bitterlich. Er war gerade mal sechs Jahre alt. Auf einem Götterfest opferte sein Vater ein Zicklein, gerade dasjenige, welches Modhu besonders betreut und ins Herz geschlossen hatte. »Was bist du für ein Gott?«, sagte er zu dem großen Gott-Felsen mitten im Dorf. »Warum brauchst du Tiere, um uns gut zu sein?« Er war tief verunsichert.

Mitten in der Monsunzeit wurde Modhus Vater krank. Es begann mit einem leichten Husten. Viele im Dorf husteten in dieser »kalten« Jahreszeit. Sie hörten aber auch bald wieder damit auf. Doch bei Rakandu ging es nicht vorüber. Ganz im Gegenteil: Der Husten wurde immer quälender. Stechende Schmerzen in der Brust und Fieber schwächten ihn weiter.

Die Familie holte den Dorfzauberer. Er verlangte vorab eine Ziege für seine Dienste und eine weitere als Opfer für die Götter. Einen Tag lang waren seine Beschwörungen und Gesänge im Dorf zu hören. Die Menschen standen ängstlich in respektvollem Abstand vor Rakandus Hütte. Am Abend meinte der Zauberer: »Die Götter sind nicht gnädig. Meine Macht reicht nicht aus, sie zu beruhigen.« Doch er schlug vor, zwei andere Medizinmänner aus einem Nachbardorf zu holen, vielleicht könnten ihre vereinten Kräfte helfen. Schließlich war Rakandu der wichtigste Mann im Dorf.

Die Zauberer bemühten sich mehrere Tage. Immer neue Tieropfer wurden den Göttern dargebracht. Nach zehn Tagen musste auch die zweite Kuh ihr Leben lassen. Doch es geschah nichts. Rakandu wurde immer schwächer. »Er wird wohl sterben, wir können nichts mehr tun«, gaben alle drei Zauberer auf.

Die Familie war verzweifelt. Alle Tiere, die Grundlage ihres Lebensunterhaltes, waren weg. Wie sollten sie weiterleben? Rakandu beschloss, mit seiner ganzen Familie Selbstmord zu begehen. »Die Götter haben uns verflucht. Wir können nicht weiterleben«, war seine Überzeugung. Seine Frau stimmte zu. Ihre psychische Kraft war aufgebraucht. Die zwei kleinen Mädchen verstanden noch nicht richtig, was vor sich ging. Nur Modhu – immerhin schon 16 Jahre alt – wehrte sich gegen diese Gedanken.

»Was sind das für Götter, die Menschen verfluchen und in den Tod treiben?«, seine Zweifel wurden immer größer. Aber als gehorsamer Sohn beugte er sich dem Entschluss des Vaters. Die Mutter hatte im Dschungel Giftpflanzen gesammelt. Sie bereitete daraus ein Gebräu, das tödlich wirken würde. Allerdings musste es vier Tage stehen, um seine Wirkung zu entfalten.

Zwei Tage vor dem geplanten gemeinsamen Selbstmord kam der Evangelist Daniel nach Nagadam. Im Auftrag der Nethanja-Kirche besuchte er die vom Evangelium noch unerreichten Dörfer. Zum ersten Mal wurde in Nagadam von Jesus gepredigt. Daniel erzählte die Geschichte, wie Jesus zehn Aussätzige heilte. »Ein Wort von ihm genügt, alle Krankheit zu vertreiben«, schloss er seine Predigt. »Er kann auch heute noch helfen. Vertraut ihm.«

Modhu hatte von ferne zugehört. Die Predigt ging ihm durchs Herz. Aufgeregt stürmte er in die Hütte und erzählte, was dieser Evangelist gesagt hatte. Sein Vater war zu schwach, um zu reden. Die Mutter schüttelte den Kopf: »Was soll dieser eine Gott Jesus ausrichten, wenn alle unsere Götter gegen uns sind?« Sie hatte mit dem Leben abgeschlossen.

Aber Modhu gab nicht auf. »Es ist doch einen Versuch wert«, bedrängte er seine Eltern. »Dieser Jesus ist unsere letzte Chance.« – »Letzte Chance«, murmelte Rakandu. Modhu nahm das als Zustimmung und lud Daniel in ihre Hütte ein. Daniel erkannte die Situation sofort. Er hatte auch schon bei anderen Gelegenheiten den stechenden Geruch des tödlichen Giftes in der Nase gehabt. »Herr Jesus, zeige deine Kraft«, seufzte er innerlich.

»Dein Jesus ist unsere allerletzte Chance«, sagte Modhu eindringlich. Daniel kniete am Lager Rakandus nieder und betete laut um die Hilfe und das Eingreifen Jesu. Er hatte kaum begonnen zu beten, da geschah Jesu Kraft: Rakandu schlug die Augen auf. Er bewegte Arme und Beine, sprang auf. Die gesunde Farbe kehrte in sein Gesicht zurück. Er war in einem Augenblick gesund geworden! Die Familie und viele Menschen, die vor der Hütte standen, begannen zu jubeln und zu danken. Daniel sprach – selbst überwältigt – ein Dankgebet. Ja, Jesus war die Chance!

Modhu begleitete Daniel, als er das Dorf verließ. Er blieb ein halbes Jahr bei ihm, diente ihm und hörte seinen Predigten zu. Dann bat er selbst um die Taufe. Anschließend kam er nach Vizag und trat in die Bibelschule in Paradesipalem ein. Heute studiert er im dritten Jahr und wird im Frühjahr 2009 seinen Abschluss machen. Dann will er, wie Daniel, in den unerreichten Dörfern im Dschungel Orissas Jesus bezeugen.

TROMMELN FÜR JESUS

Satyanam kommt aus Pinapalla, einem Dorf im Delta des Godaveri-Flusses. Sein Vater Lakshma ist Trommelbauer. Diese Handwerkskunst wird in seiner Familie schon seit vielen Generationen überliefert. Lakshma kennt die Hölzer, die sich zur Herstellung einer Trommel besonders eignen. Er ist Experte für die Häute, die über die Trommeln gespannt werden. Schlangenhaut, Krokodilhaut und für die kleinen Trommeln auch Eidechsenhaut, eignen sich gut.

Schon früh hatte er seinen Sohn Satyanam in sein Handwerk eingeführt. »Trommeln sind mehr als Musikinstrumente«, erklärte er ihm, »sie sind die Stimmen der Götter und der Geister.« Lakshma kennt auch die alten Göttermythen, und auch die hat er Satyanam beigebracht.

Schon mit sechs Jahren spielte Satyanam die Trommel meisterhaft, so gut wie sein Vater. Die beiden wurden immer öfter zu den Götterfesten eingeladen, um den Göttern und Geistern eine Stimme zu geben. Dafür wurden sie gut bezahlt, und die Familie führte ein sorgenfreies Leben.

Der kleine Satyanam fürchtete sich anfangs vor einigen der Göttergestalten: Die Unheilsgöttin Kali, sehr realistisch dargestellt mit einer Kette von Totenköpfen um den Hals; der Zerstörergott Shiwa, bei einigen Abbildern war sein Mund bluttriefend und seine vielen Arme hielten Menschen gefangen. Auch die Göttersagen flößten ihm Furcht ein. Da war oft von Krieg, Mord, Eifersucht und Zerstörung die Rede. »Die Götter sind auch nicht anders als die Menschen, sogar oft noch schlimmer«, so spukte es Satyanam im Kopf herum.

Bald lernte er auch die böse Seite der Götterfeste kennen: Zuerst tanzten und sangen die Gläubigen und steigerten sich in Ekstase hinein. Dann, nach Ende des »Gottesdienstes«, spät in der Nacht, saßen die Männer noch zusammen. Sie betranken sich mit hochprozentigem Palmwein, und es kam zu wüsten Streitereien. Satyanam beobachtete auch immer wieder, wie sie die Tempeldirnen auf brutalste Art behandelten und missbrauchten. Sein Glaube an die Götter geriet immer mehr ins Wanken.

Acht Jahre war Satyanam so mit seinem Vater im »Beruf«. Er war zu einem jungen Mann herangewachsen. Eines Tages war er unterwegs. Da hörte er Trommelklänge. Er ging den Tönen nach und traf auf eine Gruppe junger Leute, die auf der Dorfstraße eine Versammlung abhielten. Es war eine Gruppe Bibelschüler der Nethanja-Bibelschule in Vizag, die mit Evangelist Daniel zusammen das Evangelium von Jesus Christus verkündigten. Sie sangen Jesuslieder, begleitet von zwei Trommlern, und dann predigte Daniel.

Satyanam erkannte neidlos an, wie gut die Trommler ihr Instrument beherrschten, und er hörte aufmerksam der Predigt zu. Das war ein anderer Gott, dieser Jesu, das begriff er – ein Gott, der voll Liebe und Hilfe sich jedem Menschen zuwendet; ein Gott, vor dem niemand Angst haben muss.

Er suchte das Gespräch mit Daniel und wollte mehr über Jesus erfahren. Den ganzen Tag blieb er bei den jungen Leuten, die in noch zwei weiteren Dörfern Versammlungen abhielten. Auf seine Bitte hin durfte er sogar bei zwei Liedern die Trommel spielen. Daniel und die Bibelschüler waren tief beeindruckt, wie vollendet er das Instrument beherrschte. Zum ersten Mal war Satyanam mit seinem ganzen Herzen dabei, bei einem Gottes-Dienst, für eben diesen liebenden Gott Jesus.

Diese Begegnung veränderte sein Leben grundlegend. Satyanam erklärte seinem Vater, dass er nicht mehr bei den

Hindufesten spielen wollte. Er erzählte von Daniel und dessen Predigt von dem Gott Jesus. Lakshma wurde sehr zornig und verbot seinem Sohn jeden Umgang mit den Christen. Schließlich stand ja auch das Einkommen der Familie auf dem Spiel.

Aber Satyanam blieb bei seiner Weigerung. Er spielte nicht mehr für die Götter. Heimlich suchte er die Begegnung mit Daniel und den Bibelschülern, die mindestens einmal in der Woche in den Dörfern Versammlungen abhielten. Dann spielte er auch immer wieder mit ganzer Hingabe die Trommel.

Seinem Vater entgingen diese Kontakte nicht, und in seinem Zorn über den ungehorsamen Sohn wurde er gewalttätig. Mit einem Stock schlug er auf Satyanam ein und zertrümmerte dabei dessen rechtes Handgelenk. »Du wirst nie mehr für diesen Gott Jesus trommeln!«, schrie er in blinder Wut. »Geh mir aus den Augen. Ich habe keinen Sohn mehr!«

Satyanam flüchtete sich zu dem Evangelisten Daniel. Der nahm ihn mit in das Missionszentrum der Nethanja-Kirche in Vizag. Bischof Singh erlaubte ihm zu bleiben, als er seine Geschichte hörte. Die kaputte Hand schmerzte fast unerträglich. Die Ärzte sahen keine Möglichkeit zu wirklicher Hilfe. Die Hand würde verkrüppelt bleiben, war ihre Feststellung.

Doch Daniel und die Bibelschüler, die Satyanam lieb gewonnen hatten, machten ihm Mut: »Wir wollen zu Jesus kommen. Er wird helfen.« Einen Tag, bis spät in die Nacht, saßen sie zusammen und beteten für Satyanam. Und Jesus zeigte seine Hilfe und Kraft. Gegen Mitternacht sprang Satyanam mit einem Freudenschrei auf. »Meine Hand, meine Hand!«, rief er. »Danke Jesus!« Seine Hand war vollständig geheilt! Nicht einmal eine Narbe war mehr zu sehen.

Satyanam blieb in Vizag. Er ließ sich taufen und trat in die Bibelschule ein. Sein Trommelspiel begeistert bis heute in den Gottesdiensten. »Ich will ein Jesusbote sein. Ich trommle nur noch für ihn.« Im Frühjahr 2009 wird Satyanam sein Examen machen. »Ich warte auf den Platz, den mir Jesus zuweist«, so sagte er mir.

CHINABABU BLEIBT TREU

Chinababu kommt aus Malikam, einem Dorf, etwas abgelegen im Distrikt West-Godaveri. Seine Eltern sind angesehene und wohlhabende Leute und als fromme Hindus geachtet. In der Gegend von Malikam gibt es keine guten Schulen, und so schickten die Eltern Chinababu mit zehn Jahren auf eine Internatsschule in der Nähe von Vizag. Er war ein sehr eifriger und begabter Schüler und in seiner Klasse immer unter den Besten.

Seine Eltern hatten ihm einige Götterbilder mitgegeben und auch eine Statue des Schöpfergottes Rama. In seinem Zimmer hatte Chinababu einen kleinen Hausaltar eingerichtet. Er verrichtete davor täglich seine Gebete und zündete Räucherstäbchen an. Er war tief in der Hindu-Religion verwurzelt.

Chinababu teilte sein Zimmer mit John, dem Sohn eines christlichen Pfarrers. Nach den indischen Gesetzen müssen in allen Bildungseinrichtungen Plätze für die Kastenlosen – und dazu gehören auch die Christen – bereitgestellt werden. John war für die Schule so etwas wie der »Alibi-Christ«, um dem Gesetz Genüge zu tun. Auch John hatte eine kleine Gebetsecke neben seinem Bett. Dort lagen die Bibel und ein einfaches Jesusbild. Dort kniete John morgens und abends nieder und betete.

Die beiden Jungen kamen gut miteinander aus und halfen sich auch gegenseitig bei den schulischen Aufgaben. Es konnte nicht ausbleiben: Sie kamen auch ins Gespräch über ihren Glauben. Chinababu erzählte John die uralten Göttergeschichten. John schauderte immer wieder dabei: Es war darin so viel von Kampf, Mord, Krieg und Unheil die Rede.

Seine Jesusgeschichten brachten Chinababu immer mehr zum Nachdenken. Die Taten und Worte des liebenden Jesus berührten sein Herz. Chinababu begann, mit John zu Jesus zu beten.

Der Direktor der Schule, ein strenger Hindu, bemerkte eine Wandlung in Chinababu und bestellte ihn zu einem Gespräch. Dabei bekannte Chinababu seine Hinwendung zu Jesus. Der Direktor geriet in großen Zorn. »Du verrätst deine Familie, deine Herkunft, ja unser Land!«, schrie er den Jungen an und verbot ihm jeden weiteren Umgang mit John, der daraufhin aus dem gemeinsamen Zimmer ausziehen musste.

Die beiden Jungen aber trafen sich trotzdem öfter heimlich zum Gespräch und zum Gebet. Der Direktor griff zu Strafmaßnahmen: Zweimal in der Woche hatte Chinababu Essensentzug. Alle Freistunden wurden für ihn gestrichen. Er musste beim Unterricht ganz allein an der Seite sitzen. Die anderen Schüler verhöhnten und beschimpften ihn: »Verräter! Jesusfeigling! Betrüger!« Die Schimpfworte trafen Chinababu tief, aber er blieb treu bei seinem neuen Gott. Der Direktor erwog, ihn und John von der Schule zu weisen, aber ihre Leistungen waren so hervorragend, dass er den Gedanken verwarf.

Eines Tages wurde Chinababu krank. Er bekam hohes Fieber, sein ganzer Körper schmerzte, und überall traten Schwellungen auf. Selbst die Zunge schwoll stark an, und das Atmen wurde immer mühsamer. Die Ärzte waren ratlos. »Das ist die Strafe der Götter«, flüsterten viele Schüler.

Chinababus Zustand wurde lebensbedrohlich. Die angereisten Eltern saßen verzweifelt am Bett ihres Sohnes. Er verlor zeitweise das Bewusstsein. In einer klaren Phase hörte ihn sein Vater flüstern: »Holt John, er soll mit mir beten.« Auf Nachfragen erzählte der Direktor von der Verbindung der beiden. Zuerst war der Vater tief bestürzt, aber dann erfüllte er doch die Bitte seines Sohnes.

John kam und sah den schlimmen Zustand seines Freundes. Er kniete am Bett nieder und rief Jesus um Hilfe an. Staunend sahen die Umstehenden, wie schon nach wenigen Minuten Chinababus Atemzüge regelmäßiger wurden. Er schlug die Augen auf, streckte sich und stand von seinem Krankenbett auf. Jesus hatte ihn vollständig geheilt. In der ganzen Schule wurde dieses Wunder bekannt. »Der Gott Jesus hat Kraft«, viele Schüler waren tief beeindruckt.

Chinababus Eltern luden in den nächsten großen Ferien John zu sich nach Hause ein. Er verbrachte die gesamten drei Monate zusammen mit Chinababu und erzählte, wenn er darum gebeten wurde, von Jesus. Am Ende der Ferien baten sowohl Chinababu als auch seine Eltern um die Taufe, die Johns Vater dann vollzog. In Malikam entstand so eine kleine Gemeinde der Nethanja-Kirche.

Chinababu bat bei seiner Taufe um einen neuen, christlichen Namen. Er heißt nun Daniel. Er und John machten als Jahrgangsbeste ihren Schulabschluss. Beide lernen heute in der Bibelschule der Nethanja-Kirche in Vizag. Sie wollen als Pastoren Zeugen Jesu Christi sein.

DONI KANN WIEDER GEHEN

Doni kommt aus einem Dorf im Nagaland, einem Gebiet ganz im Norden Indiens, angrenzend an Nepal. Im Nagaland gibt es mehr Christen als sonst in Indien. Englische Missionare hatten schon im 19. Jahrhundert dort gepredigt, und es waren viele Gemeinden entstanden. Allerdings war die Lebendigkeit mehr und mehr verloren gegangen, und es gab immer mehr Traditions-Christen, die ohne missionarischen Eifer waren.

In solch einer christlichen Familie wuchs Doni auf. Allerdings lebte er nie in einer richtigen Familie: Seine Mutter hatte er nie kennengelernt. Ein Jahr nach Donis Geburt hatte sie ihren Mann und den Sohn verlassen. Sie war mit einem Zauberer fortgegangen. Sie selbst hatte schon länger okkulte Kräfte benutzt, was ihrem Mann Angst eingeflößt hatte. Es war oft zu Auseinandersetzungen gekommen, und schließlich war sie einfach mit diesem durchreisenden Zauberer mitgegangen. Ihr Mann und Doni sahen sie nie wieder.

Die Großeltern sorgten nun für den kleinen Doni. Nach zwei Jahren heiratete sein Vater wieder. Die Stiefmutter aber wollte Doni auf keinen Fall im Haus dulden. Donis Vater beugte sich dem Willen seiner Frau, und als dann zwei Kinder zur Welt kamen, hatte Doni kein Elternhaus mehr. Sein Vater mied sogar jeden Kontakt mit ihm.

Als Doni zehn Jahre alt war, starben seine Großeltern kurz hintereinander. Auch da erbarmte sich sein Vater nicht, und der Junge wurde zu einem Straßenkind. Er bettelte und fristete mit kleinen Diebstählen sein Leben.

Einziger Halt waren einige Freunde. Sie halfen ihm immer wieder. Doni hatte eine wunderschöne, klare Stimme und sang sehr gern und viel. Das gab ihm Trost in seiner Einsamkeit. Seine Freunde gehörten zu einer christlichen Gemeinde und nahmen ihn immer wieder mit zu den Gottesdiensten und in die Jugendgruppe. Dort wurde viel gesungen, und Doni lernte schnell die christlichen Lieder. Seine Stimme war beim Gemeindegesang deutlich herauszuhören, und bald durfte er als Solist singen. Er sang zwar Jesuslieder, aber mit dem Herzen war er nicht dabei.

Inzwischen war Doni sechzehn Jahre alt. Sein Leben bewegte sich zwischen dem kriminellen Umfeld der Straße und den Besuchen in der christlichen Gemeinde. Eines Tages wurde Doni krank. Zuerst sah es aus wie eine schwere Erkältung, aber dann verlor er ganz seine Stimme. Sie kehrte auch nicht wieder zurück, als die Erkältung abgeklungen war. Doni konnte nur noch mühsam krächzen und sich kaum verständlich machen. Seine Freunde suchten ihn in seinem primitiven Unterstand unter einer Brücke auf und nahmen ihn mit in die Kirche. Der Pastor gewährte ihm Unterschlupf und tröstete ihn.

Am Sonntag saß Doni im Gottesdienst. Traurig lauschte er den Liedern. Dann, nach dem Eingangslied des Gottesdienstes, rief der Pastor Doni nach vorne. Zögernd stand dieser auf. Der Pastor und zwei Gemeindeälteste beteten für ihn, und die ganze Gemeinde betete mit. Dann wurde das nächste Lied gesungen – und alle hörten es: Donis Stimme erhob sich über alle anderen! Jesus hatte ihn geheilt.

So wurde sein Herz ganz für Jesus geöffnet. Doni ließ sich taufen und wurde bewusst Christ. Bei seiner Taufe bekannte er: »Ich habe nie eine wirkliche Familie gehabt. Ihr habt mich umsorgt. Ihr seid meine neue Familie.« Zwei Jahre arbeitete Doni eifrig in der Gemeinde mit. Er wurde zum Leiter des Lobpreises in den Gottesdiensten und durfte mit im Haus des Pastors leben.

Dann sagten unabhängig voneinander drei leitende Mitarbeiter zu Doni: »Ich habe den Eindruck, dass du ganz für Jesus leben und ihm dienen solltest!« In der Gemeinde wurde eine Sammlung veranstaltet, und Doni kam zur Bibelschule der Nethanja-Kirche in Vizag. Die Empfehlungsschreiben seiner Gemeinde öffneten ihm die Türen, und heute studiert Doni im zweiten Jahr. Er hat den Spitznamen »Naga-Lerche«. Seine kraftvolle Stimme ist bei jedem Gemeindelied deutlich zu hören.

BALAMA WILL NICHT HEIRATEN

Balama kommt aus Galapa, einem Dorf im Siler-Dschungel. Ihre Eltern sind Stammesleute, verehren Ochsen als Gottheiten und arbeiten als Kulis. Balama hat noch vier Geschwister, alles Mädchen. Sie ist die Älteste. Schon früh musste sie hart arbeiten: Feuerholz sammeln, Wasser holen aus dem vier Kilometer entfernten Fluss, die Geschwister beaufsichtigen und die Hütte in Ordnung halten. Ihre Eltern waren ja bei der Arbeit.

Im Dorf gab es eine kleine christliche Gemeinde unter der Leitung von Pastor Joshua. Er unterhielt auch eine Tagesschule. Fünfzehn Kinder kamen täglich in die bescheidene Lehmkirche und lernten lesen, schreiben und rechnen. Außerdem lernten sie Jesuslieder und hörten die biblischen Geschichten. Alle erhielten dazu eine warme Mahlzeit und eine Schuluniform.

Oft blieb Balama bei der Kirche stehen und hörte sehnsüchtig dem Unterricht zu. Pastor Joshua fiel das Mädchen auf, und er sprach sie an: »Willst du auch zur Schule kommen?« – »Ja, sehr gerne, aber ich kann nicht. Ich muss arbeiten, und meine Eltern würden das nie erlauben«, war ihre traurige Antwort.

Daraufhin besuchte Pastor Joshua eines Abends die Familie. »Wir können unsere Tochter nicht entbehren. Wir haben auch keine Schule besucht. Und für ein Mädchen lohnt sich das auch gar nicht. Sie wird ja doch bald heiraten«, wehrten die Eltern Joshuas Vorschlag ab, Balama doch in die Tagesschule zu schicken. Da machte ihnen Joshua ein Angebot. »Ich gebe Ihnen jeden Monat 100 Rupien. Dann können Sie mehr Zeit zu Hause verbringen«, sagte er zu der Mutter, »und Balama kann am Unterricht teilnehmen.« Die Nethanja-Kirche hat einen Fonds für solche Fälle, bei denen sie Eltern die Arbeitskraft ihrer Kinder bezahlt. Zögernd stimmten Balamas Eltern zu.

Balama war eine sehr gelehrige und begabte Schülerin. Nach vier Jahren konnte sie in der Tagesschule nichts mehr lernen, und Pastor Joshua verschaffte ihr einen Schulplatz in der Bezirkshauptstadt. Weiterhin bezahlte er ihren Eltern »Schulgeld« für die Tochter. Mit sehr guten Noten machte Balama dort ihren Abschluss.

Inzwischen war sie vierzehn Jahre alt. Ihre Eltern hatten einen Mann für sie gesucht. Der war zwar zwanzig Jahre älter als sie, aber er verlangte nur eine niedrige Mitgift. Tief verstört kam Balama zu Pastor Joshua: »Ich will nicht heiraten. Ich will weiterlernen und eine Bibelschule besuchen.« Sie hatte angefangen, Jesus zu vertrauen und erkannte ihren Weg als Bibelfrau. Joshua redete mit den Eltern, aber sie wollten auf keinen Fall zustimmen. »Deine Schule hat unsere Tochter verdorben«, zürnten sie. »Sie soll gehorsam werden und heiraten. So war es in unserem Dorf schon immer.« Joshua konnte Balama nicht helfen.

Nach einer Woche war Balama verschwunden: Sie war weggelaufen. Die Eltern ließen sie suchen und drohten sogar: »Wir werden Balama töten, wenn sie nicht gehorsam zurückkehrt!« Nach vier Wochen bekam Pastor Joshua heimlich Nachricht: Balama war über 40 Kilometer zu Fuß durch den Dschungel nach Chintrapalli geflohen. Dort hatte sie Pastor David, den Leiter der Nethanja-Gemeinde, um Hilfe gebeten. Die beiden Pastoren Joshua und David empfahlen Balama für eine weitere Ausbildung am Missionszentrum in Vizag. Sie besuchte noch zwei Jahre die Schule und trat dann in die Bibelschule der Nethanja-Kirche ein.

Mehrmals hat sie versucht, mit ihrer Familie Kontakt aufzunehmen. Bei einem Besuch jedoch haben ihre Eltern sie blutig geschlagen. Wäre Pastor Joshua nicht dazugekommen, hätten sie sie wohl getötet.

Balama hat sich taufen lassen. Ihr neuer Name ist Rachel. Sie betet täglich für ihre Familie und will Jesus später bewusst in ihrem Heimatgebiet dienen. »Ich will nicht heiraten«, sagt sie entschlossen. »Mein Leben soll ganz für Jesus sein.«

FÜR UNS BIST DU TOT

David kommt aus einer kleinen Stadt in Orissa, einem der ärmsten Bundesstaaten Indiens. Seine Familie ist sehr angesehen, und sie alle sind strenggläubige Hindus. Gamesh ist der Gott, den sie besonders anbeten. Er ist der Gott mit dem Elefantenkopf, der Gott des Reichtums und des Glücks. David wuchs in einer behüteten Umgebung auf, besuchte gute Schulen und brachte die besten Noten nach Hause.

Er war fünfzehn Jahre alt, als er plötzlich krank wurde: Seine Beine versagten den Dienst, und eine unerklärliche Lähmung ergriff Teile seines Körpers. Die Familie brachte ihn zu den besten Ärzten, aber sie konnten nicht einmal eine Diagnose stellen, geschweige denn helfen. Sie bemühten Hindu-Zauberer und brachten den Göttern große Opfer, aber es gab keine Besserung. Schließlich brachten sie ihn sogar in ein berühmtes christliches Krankenhaus in Südindien, aber auch dort konnte man ihm nicht helfen. David und seine Eltern gaben die Hoffnung auf. Der Junge würde wohl sein Leben lang an den Rollstuhl gefesselt sein.

Seit zwei Jahren war David nun schon krank. Aus dem lebenslustigen Jungen war ein niedergeschlagener, trauriger junger Mann geworden. Er zog sich ganz in sich selbst zurück und redete nur noch wenig. Die Familie umsorgte ihn, und die Eltern ermöglichten es ihm, dass er ein College besuchen konnte. Aber er hatte allen Antrieb verloren.

Eines Tages war David mit seinem Rollstuhl ziellos unterwegs, als er auf einmal Gesang hörte. Er fuhr den Klängen nach und stand schließlich vor dem Eingang einer kleinen Kirche. Die Gemeinde hielt gerade ihren Gottesdienst. Unbeobachtet blieb David vor der Tür in einer Ecke und hörte nach dem Gesang auch der Predigt zu.

Was er da hörte, berührte ihn tief. Der Pastor sprach von Jesus, der die Menschen bedingungslos liebt, der ihr Helfer sein will und auf Gebete hört und antwortet. Immer wieder kam David zu der Kirche und hörte zu, heimlich in seiner Ecke draußen vor der Tür.

Eines Nachts, zu Hause in seinem Bett, fasste David Mut. Zögernd betete er: »Jesus, wenn du mich auch liebst, hilf mir. Ich weiß nicht genau, wer du bist, aber du bist meine letzte Hoffnung.« Er betete und rief wie die beiden Blinden vor Jericho, von denen der Pastor in seiner letzten Predigt gesprochen hatte: »Erbarme dich meiner!« Dann schlief er ein.

Als David am nächsten Morgen aufwachte, fühlte er sich ganz anders. Die Mutter wollte ihm wie gewohnt aus dem Bett helfen, aber da bewegte er seine Beine. Ungläubig staunend sah sie, wie ihr Sohn sich aufsetzte und dann sogar selbständig aufstand. Er selbst konnte es nicht glauben, aber er konnte wieder stehen, ja sogar gehen. David war vollständig geheilt!

Die Familie feierte ein großes Dankfest für die Götter. Viele Opfer wurden gebracht, aber David blieb seltsam unbeteiligt. »Ich habe zu einem anderen Gott gebetet. Der hat mir geholfen«, sagte er auf Nachfrage. Mehr aber wollte er nicht preisgeben. Die Eltern waren zufrieden. Sollte er doch seinem Spezialgott danken. Schließlich kennt der Hinduismus mehr als drei Millionen Götter. Hauptsache ihr Sohn war wieder gesund.

Auch der gesunde David kehrte immer wieder zu der Kirche zurück. Schließlich bat er den Pastor um ein Gespräch und erzählte ihm seine Geschichte. Der lobte und dankte mit ihm Jesus. »Er will mehr, als deinen Körper heilen. Er will dein ganzes Leben heil machen. Ja, er will dich für seine Ewigkeit retten«, erklärte er David. Der kam nun regelmäßig zur

Gemeinde, wuchs im Glauben und ließ sich nach einem Jahr taufen. Heimlich, seine Familie durfte nichts davon wissen.

Doch es konnte nicht verborgen bleiben. Eines Tages stellte ihn sein Vater zur Rede und David bekannte, dass er Christ geworden war: »Der Gott Jesus hat mir geholfen. Ich vertraue ihm. Seine Liebe umgibt mich.« Der Vater geriet in großen Zorn: »Du bist ein Verräter! Nie hat unsere Familie anderen Göttern gedient. Du kannst nicht mehr unser Sohn sein!« Ja, er wurde so wütend, dass er David blutig schlug. »Sage diesem Jesus ab«, forderte er von seinem Sohn. Doch David blieb fest: »Wie kann ich dem absagen, der mir so hilft und mein Leben erfüllt?« Der Vater wies ihn daraufhin aus dem Haus: »Du bist nicht mehr unser Sohn. Du bist tot. Komm nie mehr hierher zurück.« Der Bruch war endgültig.

David war heimatlos geworden, aber er war nicht ohne Familie: Die Christen nahmen ihn auf und schützten ihn auch vor den Schlägern, die sein Vater in seinem grenzenlosen Hass auf ihn hetzte. Der Pastor gab David ein Empfehlungsschreiben für Bischof Singh im Missionszentrum der Nethanja-Kirche in Vizag. Dort wurde David auf sein Bitten hin in die Bibelschule aufgenommen. Nun lernt er dort schon im zweiten Jahr. »Ich will mit meinem ganzen Leben für Jesus da sein und ihn und seine Kraft bezeugen.« Das ist sein Wunsch und sein Weg.

GOTT SIEHT DAS HERZ AN

Bharathi kommt aus einer kleinen Stadt im Süden Orissas, einem der ärmsten Bundesstaaten Indiens. Sie wuchs zusammen mit sechs Geschwistern in einer christlichen Familie auf. Allerdings waren die Eltern nur dem Namen nach Christen. Sie folgten Jesus nicht wirklich nach.

Schon vor dem Zweiten Weltkrieg, in den dreißiger Jahren des 20. Jahrhunderts, waren eben in Orissa christliche Missionare tätig gewesen. Auch Deutsche waren darunter gewesen. Sie hatten einige Gemeinden gegründet, aber der Glaube hatte nie richtig Fuß gefasst bei den Menschen. Wer sich damals Christ nannte, hatte unter der englischen Herrschaft einige Vorteile. Später waren diese Leute dann einfach »Christen« geblieben, aber sie hatten keine tiefen Wurzeln.

Bharathi war ein kluges und aufgewecktes Mädchen, doch hatte sie in ihrer Familie einen schweren Stand. Sie war das »Aschenputtel«. Schon durch ihr Aussehen war sie im wahrsten Sinne des Wortes gebrandmarkt: Als Baby war sie in das Kochfeuer gefallen, und eine hässliche Brandnarbe entstellte ihre rechte Gesichtshälfte. Außerdem hinkte sie stark wegen eines verkürzten Beines.

Die Geschwister schämten sich für sie, und Bharathi wurde weithin allein gelassen. Sie musste die niedrigsten Arbeiten im Haus verrichten, und wenn in der großen Familie Feste stattfanden, durfte sie nicht teilnehmen. Ihr Vater übersah sie einfach. »Sie wird nie einen Mann finden; sie ist völlig unnütz«, sagte er immer wieder.

Nur ihre Mutter hielt zu Bharathi. Sie wies die höhnenden Geschwister immer wieder zurecht und trat auch ihrem Mann entgegen, wenn er Bharathi ungerecht behandelte. Ihrer Mutter hatte sie es zu verdanken, dass sie eine Schule besuchen durfte und sogar den Abschluss machen konnte. Ihre Mutter und sie besuchten eine christliche Gemeinde in der Stadt, und beide wurzelten immer tiefer in einem persönlichen Glauben.

Die Mutter tröstete Bharathi immer wieder: »Die Menschen, auch deine Geschwister, sehen nur das Äußere, deine Narbe und dein kürzeres Bein. Der Herr Jesus aber kennt dein Herz und freut sich über deinen Glauben. Vertraue nur weiter auf ihn. Er wird dich einen guten Weg führen.« Die Mutter setzte auch durch, dass Bharathi nach ihrem sehr guten Schulexamen auf ein College gehen konnte. Sie wollte einmal Lehrerin werden.

Doch kaum hatte sie ihr Studium begonnen, da starb die Mutter. Nun hatte Bharathi keinen Fürsprecher mehr. Sofort meldete ihr Vater sie vom Studium ab. Sie musste von da an zu Hause bleiben und wurde nun wirklich zur Dienstmagd für alle Familienmitglieder.

Bharathi wurde depressiv, ja, es kamen immer mehr Selbstmordgedanken in ihr auf. Ihr letzter Halt war die christliche Gemeinde. Nur heimlich konnte sie sich manchmal fortstehlen und an einem Gottesdienst teilnehmen. Einmal bemerkte ihr Vater, dass sie fortgegangen war, und er verprügelte sie, als sie später nach Hause zurückkehrte. »Du unnütze Göre!«, schrie er sie an. »Tu hier im Haus deine Aufgaben; zu mehr taugst du nicht. Du bist eine Schande für uns.«

Doch Bharathi setzte ihre heimlichen Besuche fort. Sie hatte ja sonst keinen Halt und Trost im Leben. Eines Tages sprach Pastor Jeremia sie an. Er hatte beobachtet, wie das Mädchen immer trauriger und kränklicher geworden war. Stockend erzählte Bharathi ihm von ihrem Schicksal, und Pastor Jeremia beschloss, mit ihrem Vater zu sprechen.

Der wollte zunächst überhaupt nichts hören. »Mischen Sie

sich nicht in unsere Familienangelegenheiten ein«, sagte er zornig. Doch der Pastor ließ sich nicht beirren. »Ihre Tochter hat so ein gutes Examen, und sie verdient es, weiter ausgebildet zu werden. Gerade weil sich wohl kein Mann für sie interessieren wird, braucht sie eine gute Ausbildung, um für sich selbst sorgen zu können«, argumentierte er.

Da kam dem Vater ein hinterlistiger Gedanke: »Wir brauchen Bharathi hier. Sie versorgt den ganzen Haushalt. Aber wenn Sie uns 2.000 Rupien bezahlen, können Sie sie mitnehmen und mit ihr tun, was Sie wollen.« 2.000 Rupien waren eine unverschämte Forderung. Aber Pastor Jeremia gab nicht auf. Er veranstaltete mehrere Sammlungen in der Gemeinde, gab auch einen Teil seines Gehaltes, und nach vier Wochen war die Summe zusammengetragen.

Jeremia kaufte Bharathi von ihrer Familie frei. Dann nahm er sie mit in das Missionszentrum der Nethanja-Kirche in Vizag. Zuerst arbeitete Bharathi dort in der Küche mit, später im Mädchenkinderheim. Sie lernte so auch die Bibelschüler und -schülerinnen kennen, und bald stand ihr Entschluss fest: Sie wollte auch die Bibelschule besuchen und ganz Jesus dienen.

Bharathi ist nun im zweiten Jahr der Ausbildung und nichts erinnert mehr an das traurige, erniedrigte und mutlose Mädchen von früher. Ihr Lieblingswort aus der Bibel ist der Vers aus 1. Samuel 16,7: »Ein Mensch sieht, was vor Augen ist; der Herr aber sieht das Herz an.«

ICH WILL NICHT SCHIESSEN

Lakshmana Rao kommt aus Pothuraju, einem Dorf tief im Siler-Dschungel. Er studiert im zweiten Jahr an der Bibelschule der Nethanja-Kirche in Vizag. Seine Eltern sind Kulis, Feldarbeiter. Die Familie, Lakshmana Rao und seine ältere Schwester brachten sich mehr schlecht als recht durch. Ihr einziger Besitz waren zwei Ziegen. Auf einem kleinen Stück Land bauten sie für den Eigenbedarf Reis und Gemüse an. Sonst arbeiteten sie auf Feldern, die Sishak gehörten, dem reichsten Bauern im Dorf – wenn es denn überhaupt Arbeit gab.

Zwei Jahre hintereinander war die Ernte missraten, und sie mussten sich bei Sishak Geld leihen. Er betrog sie dabei, und schließlich war die ganze Familie in völliger Abhängigkeit und in der Hand von Sishak: Sie waren seine Sklaven geworden.

Tief im Dschungel bei Pothuraju haben die Naxalites, die kommunistischen Rebellen, einen Stützpunkt eingerichtet. Sie selbst nennen sich »Brüder«, und sie versuchen, mit brutaler Gewalt Gerechtigkeit zu erzwingen. Sie kommen auch immer wieder heimlich ins Dorf und versuchen, besonders die jungen Leute für sich zu gewinnen.

Auch Lakshmana Rao hörte ihnen zu und ließ sich von ihren Parolen beeindrucken. Eines Nachts griffen sie dann an, ermordeten Sishak und brannten sein Haus nieder. Die Spezialpolizei rückte an, aber sie konnten niemanden fassen. Sie beschuldigten die Dorfbewohner, mit den Terroristen zusammenzuarbeiten und plünderten sie aus. Lakshmana Raos Familie verlor die beiden Ziegen. Einige Tage später verschwand dann die Schwester. Sie hatte sich wohl den Terroristen angeschlossen. Die Familie hat nie mehr etwas von ihr gehört.

Lakshmana Rao war tief betroffen von diesen gewalttätigen Ereignissen im Dorf. Nichts hatte sich geändert. Im Gegenteil, sie hatten den wichtigsten Teil ihrer Lebensgrundlage verloren, und die Söhne des ermordeten Sishak übten weiterhin ihre Herrschaft aus. »Durch Schießen ändert sich nichts. Ich will nie schießen«, das war Lakshmana Raos Entschluss. Er hatte Kontakt mit der kleinen christlichen Gemeinde der Nethanja-Kirche im Dorf und öffnete sich immer mehr für das Evangelium. In vielen Gesprächen mit Pastor Zacharias reifte in ihm der Gedanke, Jesus ganz zu dienen. Er ließ sich taufen und besuchte von da an die Bibelschule in Vizag.

In den Sommerferien 2007 kehrte er für zwei Monate nach Pothuraju zurück. Von der Busstation aus zum Dorf sind es sechzehn Kilometer zu Fuß durch den Dschungel. Unterwegs wurde Lakshmana Rao plötzlich gepackt und überwältigt. Eine Gruppe Naxalites hatte ihn gefangen genommen. Sie kamen gerade von einem Überfall zurück, und drei von ihnen waren dabei verwundet worden. Sie verlangten von Lakshmana Rao, dass er die Maschinenpistolen und das Gepäck der Verwundeten trüge.

Er konnte sich nicht wehren und musste mit in ihr Lager gehen. Dort bat er sie, ihn freizulassen, doch die Terroristen lehnten barsch ab: »Ihr Jesusleute seid doch Feiglinge. Ihr könnt nicht kämpfen. Wir machen aus dir einen wirklichen Mann.« Es gab kein Entkommen für ihn.

Lakshmana Rao hatte Erbarmen mit den Verwundeten. »Ich werde nie schießen, aber ich will gerne den Verwundeten helfen«, sagte er. Er hatte in Vizag an einem gründlichen Erste-Hilfe-Kurs teilgenommen. Auch kannte er noch von seiner Großmutter die Heilkraft vieler Kräuter und Blätter hier im

Dschungel. Er pflegte die drei Verletzten sorgsam, und sie erholten sich langsam.

Zwei Wochen war er nun schon im Lager der Kämpfer, aber sie wiesen alle seine Bitten um Freilassung ab. Abends setzte er sich immer ans Feuer und las in seiner Bibel. »Jesusmann, was liest du da?«, fragte ihn einer spöttisch. »So eine Feiglings-Geschichte?« – »Ja«, erwiderte Lakshmana Rao schlagfertig, »aber es ist eine sehr wichtige Geschichte.« – »Lass hören.« Einige Männer hatten sich dazu gesetzt. Und Lakshmana Rao las die Geschichte von der Gefangennahme Jesu im Garten Gethsemane. Wie Jesus das Ohr des Malchus heilte und zu dem kampfbereiten Petrus sagte: »Stecke dein Schwert in die Scheide, denn wer das Schwert nimmt, der wird durch das Schwert umkommen.«

Die Männer wurden nachdenklich. Am nächsten Abend kamen sie wieder. »Wie geht denn die Geschichte weiter?«, wollten sie wissen. Und Lakshmana Rao las weiter: die Verhöre, die Verurteilung Jesu, bis zu seinem Tod am Kreuz und die Auferstehung. Immer mehr Männer hörten ihm zu.

Drei Abende hatte Lakshmana Rao nun Lesestunde gehalten. Da kam am Morgen der Kommandant der Rebellen zu ihm. »Ich will dich hier nicht mehr sehen, Jesusmann«, herrschte er ihn an. »Du machst meine Männer mit deinen Geschichten kaputt.«

Lakshmana Rao war frei. Er blieb die Zeit der Ferien bei seinen Eltern und kehrte dann wieder an die Bibelschule zurück. Er wird im Jahr 2009 seinen Abschluss machen, und dann will er als »Jesusmann« in den Dschungel gehen.

DIE BLITZE-FRAU

Joram kommt aus einem Dorf im Orissa-Dschungel. Seine Familie war sehr arm, und oft reichte es nur zu einer Mahlzeit am Tag für ihn und die vier Geschwister. Schon bald musste er als Kuli auf den Feldern mitarbeiten. Dann aber konnte er für einige Jahre eine Tagesschule der Nethanja-Kirche in einem Nachbardorf besuchen und bekam dort eine solide Bildungsgrundlage. Er hörte auch das Evangelium und ließ sich mit fünfzehn Jahren taufen. Später erhielt er durch seinen Onkel einen Arbeitsplatz als Lastwagenfahrer.

Joram verdiente gut und unterstützte als gehorsamer Sohn seine Eltern und Geschwister. Mit 22 Jahren heiratete er Vijaja, ebenfalls eine Christin. Bald wurde ihr erster Sohn geboren. Das unstete Leben als Lastwagenfahrer gab Joram nun auf. Er hatte einiges gespart. Er eröffnete nun einen kleinen Reparaturbetrieb für Fahrräder und hatte so sein Auskommen. Die Familie war umgezogen und lebte nun in Kanpetu, einem größeren Dorf am Rande des Dschungels.

In Kanpetu gab es keine christliche Gemeinde, aber Jorams Werkstatt wurde zu einem kleinen Missionszentrum. Er sprach mit seinen Kindern über Jesus, und oft saß vor seiner Werkstatt eine ganze Gruppe Menschen, die mehr vom Evangelium hören wollten. Joram war ein brennender Zeuge für seinen Herrn. Ganz auf sich gestellt begann er, am Sonntag in seiner Werkstatt Gottesdienst zu halten. Nach zwei Jahren waren über zwanzig Familien zum Glauben gekommen.

In dieser Zeit besuchte Dekan Amos von der Nethanja-Kirche Kanpetu, um zu prüfen, ob dort ein Evangelist arbeiten könnte. Mit Staunen und Dank erlebte er, dass es schon eine christliche Gemeinde gab: Die Werkstattkirche Jorams. Er blieb einige Tage da und hielt auch einen Taufgottesdienst. Mehr als 50 Menschen ließen sich taufen.

In den nächsten Wochen baute die Gemeinde eine kleine Lehmkirche, und sie baten Joram, vollzeitlich ihr Pastor zu werden. So war seine Werkstatt nur noch sporadisch geöffnet, die Gemeinde sorgte für den Großteil des Lebensunterhalts für ihn und seine Familie. Joram wurde ein treuer Seelsorger.

Dekan Amos besuchte ihn immer wieder und stand ihm mit Rat und Tat zur Seite. »Ich habe keine Ausbildung als Pastor«, sagte Joram eines Tages zu ihm. »Die Nethanja-Kirche hat doch eine Bibelschule. Könnte ich dort einen Kurs belegen?« An der Bibelschule in Vizag gibt es solche Einjahres-Kurse für »Laienpastoren«, und Dekan Amos ermöglichte es, dass Joram dort aufgenommen wurde. »Geh nur«, sagte Jorams Frau zu ihrem Mann. »Es ist wichtig, dass du tiefer in die Bibel hineinfindest. Ich kümmere mich in dieser Zeit um die Gemeinde.«

Joram war nun schon fünf Monate in der Bibelschule. Da kam ein Anruf seiner Frau, er solle schnell zurückkommen. Mehr hatte sie am Telefon nicht gesagt. Joram erbat sich sofort Urlaub und fuhr heim. Waren die Kinder krank? Oder seine Frau selbst? Er war in großer Sorge. Doch er fand Frau und Kinder – er hatte inzwischen zwei Söhne – gesund vor.

Allerdings war die Kirche nur noch ein Aschehaufen. Radikale Hindus hatten am Sonntag während des Gottesdienstes angegriffen. Sie hatten mehrere Gemeindemitglieder verwundet und schließlich die Kirche in Brand gesetzt.

Die Christen waren vor dem wütenden Mob geflohen, der nun auch ihre Hütten zerstören wollte. Da hatte Jesus Vijaja Mut und Vollmacht gegeben: Sie war auf offener Straße den Angreifern entgegengetreten. »Im Namen Jesu gebiete ich euch, hört auf!«, hatte sie mit lauter Stimme gerufen. »Wir haben euch nichts getan. Der Herr Jesus wird für uns streiten.«

Noch während sie so geredet hatte, war aus heiterem Himmel etwas gekommen wie ein blendend heller Blitz. Die Angreifer waren erschrocken, viele von ihnen waren für einige Minuten blind gewesen. Sie waren geflohen und hatten von der Zerstörung abgelassen. Es war eine Szene gewesen wie im Alten Testament zu Zeiten des Propheten Elisa, als die Feinde Israels mit Blindheit geschlagen wurden (2. Könige 6).

Joram blieb zwei Wochen in Kanpetu. Er half beim Wiederaufbau der Kirche und ermutigte die Gemeinde. Dann sagte seine Frau zu ihm: »Geh wieder in die Bibelschule und bring den Kurs zu Ende. Das ist für uns alle wichtig. Wir wollen Jesu Wort besser verstehen durch dich. Mach dir keine Sorgen. Jesus wird uns schützen.«

Joram sagte nur: »Ich danke Gott für solch eine Frau. Jesus hat sie gebraucht und begabt.« Im November 2008 hat er seinen Kurs abgeschlossen und arbeitet jetzt als Pastor der Nethanja-Kirche in Kanpetu und den umliegenden Dörfern. Die Hindus haben es nicht mehr gewagt anzugreifen. »Vorsicht vor der Blitze-Frau«, sagen sie. Das ist bis heute der Beiname von Vijaja geblieben.

ANHANG

DIE NETHANJA-STORY

Im Jahr 1993 haben wir Ihnen unter dem Titel »Nethanja« vom Wirken von Jesus in Indien erzählt. Das war unser erstes Büchlein in einer ganzen Reihe von weiteren Berichten. Es ist schon längst vergriffen und damit wissen heute nur noch wenige etwas vom Beginn und dem Wachsen dieser Arbeit. Wir fassen es nochmals kurz zusammen, weil diese Geschichte eine Segensgeschichte ist, die uns einlädt und ermutigt, Gott zu vertrauen. »Nethanja« ist hebräisch und heißt »Gott hat gegeben«. Das ist sichtbar und mit Händen zu greifen, wenn wir ein wenig zurückdenken:

WIE ALLES BEGONNEN HAT:

Begonnen hat alles damit, dass Karl Ramsayer und seine Frau Irmgard ein Bibelwort ernst genommen haben: »Seid gastfrei – nehmt euch der Fremden an« (vgl. 1. Petrus 4,9). 1968 nahmen sie einen indischen Studenten bei sich auf und gaben ihm Heimat. Dieser Student – es war Jawa Komanapalli, der erste von sechs Söhnen eines indischen Kaufmannes, die alle in Deutschland studieren konnten, – erzählte seinem Vater davon, worauf der beschloss, selber fünf hilfsbedürftige Kinder aufzunehmen, weil sein Sohn so gute Aufnahme in Deutschland gefunden hatte. Eine Hütte in Vater Komanapallis Garten hinter seinem Wohnhaus im ostindischen Küstenstädtchen Narsapur – das war die erste Frucht jenes Handelns in der Spur eines Bibelwortes.

1970 sind Karl und Irmgard zum ersten Mal nach Indien geflogen. Die Not, besonders die Not der Kinder, die sie gesehen haben, hat sie tief bewegt. Nach ihrer Rückkehr berichteten sie von ihren Eindrücken. Ein zunächst kleiner Kreis von Unterstützern fand sich zusammen, um in Narsapur ein »richtiges Kinderheim« für 20 Jungen zu bauen. Aus diesem Kreis sind nun an die 4.000 Menschen geworden, die diese Arbeit unterstützen, und aus dem kleinen Pflänzchen des ersten Kinderheimes ist ein großer Baum mit vielen Zweigen geworden.

Wir arbeiten in vier Regionen im Osten des indischen Bundesstaates Andhra Pradesh mit Partnerorganisationen, die miteinander zur »Nethanja-Kirche« zusammengeschlossen sind. Zu dieser evangelischen Freikirche gehören inzwischen über 120.000 getaufte Christen. Nach wie vor sind es ausschließlich indische einheimische Mitarbeiterinnen und Mitarbeiter, die die Arbeit vor Ort tun, und fast die ganze Arbeit von Deutschland aus geschieht ehrenamtlich. Wir beraten und besuchen unsere Geschwister in Indien regelmäßig und helfen, die Aufgaben zu finanzieren.

Wir versuchen Ihnen die Dimensionen unseres Werkes darzustellen, indem wir unsere derzeitigen Projekte auflisten.

1. »United Christian Interior Ministries«

Am Rand der Millionenstadt Vishakapatnam liegt unser Missionszentrum. Leiter: Bischof Dr. K. R. Singh.

Kinderheime:
- Mädchendorf Boya Palem
- Babyhaus Boya Palem
- Jungenkinderheim Paradesipalem
- Jungenheim Sileru
- Kinderheim Chintapalli
- Jungenheim Polluru
- Kinderheim für Stammeskinder

Ausbildung:
- Tagesschulen in abgelegenen Gebieten und im städtischen Slum
- Bibelschule
- Evangelistenkurse
- Bäckerei
- Nähschule
- Einzelförderung bei Ausbildung bis zum Studium

Sozialdiakonische Arbeit:
- Sonderprojekt »Dalits«
- Krankenversorgung ambulant
- Witwenhilfe und Altersheim für Witwen
- Unterstützung von zwei Leprakolonien
- Blindenwohnheim und Werkstatt für Blinde
- Hilfe nach der Tsunamikatastrophe
- Hilfe in Notfällen und bei Naturkatastrophen

- Kleinkredite und Selbsthilfegruppen für Frauen
- Hilfe für verfolgte Glaubensflüchtlinge aus Orissa

Gemeindeaufbau:
- Evangelisten, Pastoren, Bibelfrauen
- Gemeindegründungen
- Bau von Kirchen und Gemeindezentren

2. »Emmanuel Ministries«

In einer ländlichen Region südwestlich von Vishakapatnam im Dorf Kondalaagraharam liegt unser Missionskrankenhaus. Leiter: Bischof K. S. Pratap und seine Frau Sunitha.

Medizinischer Bereich:
- Missionskrankenhaus mit 80 Betten und großer Ambulanz
- Lepraklinik
- TBC-Klinik
- Beratungs- und Therapiezentrum für HIV-Patienten
- Dorfambulanzen
- Gesundheitsaufklärung
- Krankenschwesternschule

Pädagogischer Bereich:
- Kinderheim für behinderte und nichtbehinderte Kinder
- Grundschule
- 10-Klassen-Highschool
- Lehrerausbildung

Gemeindeaufbau:
- Evangelisten, Pastoren, Bibelfrauen
- Gemeindegründungen
- Bau von Kirchen und Gemeindehäusern

3. »Shalom Ministries«
Am Godavari-Fluss in der Stadt Rajamundry liegt unser dortiges Zentrum. Leiter: Bischof K. S. Pratap.

* Mädchenkinderdorf
* Jungenkinderheim
* 10-Klassen-Highschool
* Familien- und Elternberatung bei der Schule
* Tagesschulen in Dschungeldörfern
* Computerausbildung
* Elektronikausbildung und -werkstatt
* medizinische Dienste im Dschungelgebiet
* Gemeindeaufbau
* Tsunamihilfsprojekte
* Hilfen bei Naturkatastrophen und Unglücksfällen

4. »Nethanja Children Home«
Im Süden an der Küste, im Mündungsdelta von Godavari- und Krishna-Fluss, liegt der Ursprungsort unserer Arbeit, das Städtchen Narsapur. Leitung: Mrs K. Kusuma (Witwe von Paul Komanapalli) und ihr Sohn Samuel Komanapalli.

* Kinderheim (inzwischen wurde 2006 ein Neubau anstelle des ursprünglichen und oftmals umgebauten Gebäudes erstellt)
* Lehrlingsausbildung (Elektriker, Schweißer, Installateure, Kfz-Mechaniker)
* Gemeindeaufbau

»Nethanja« heißt: »Gott hat gegeben.« Das erleben wir im Rückblick auf das, was durch seinen Segen in Indien gewachsen ist. Mittel und Mitarbeiter hat er gegeben. Dafür loben wir ihn und geben ihm alle Ehre.

Weitere Informationen zu unserer Arbeit gibt es im Internet unter www.nethanja-indien.de oder in unserem kostenlosen Vierteljahresrundbrief „Nethanja Post", den Sie per E-Mail bestellen können unter info@nethanja-indien.de.

Unsere Konten:
Kinderheim Nethanja Narsapur

209 214 007 bei der Volksbank im Kreis Böblingen
(BLZ 603 900 00)

30 36 006 bei der Volksbank Nagoldtal
(BLZ 641 910 30)

Heiko Krimmer

Der Schlangenbiss zum Leben

Taschenbuch, 12 x 19 cm, 96 S.
Nr. 394.698,
ISBN 978-3-7751-4698-2

Die Königskobra als Göttin, Blumengirlanden um den Schlangenaltar … Das ist Kanchedi, ein kleines Dorf in Indien. »Wir brauchen Deinen Gott Jesus nicht. Unsere Götter sind mächtig.« Doch Jesus ist größer als der Schlangengott. Rama, ein junger Mann, wird von einem Schlangenbiss geheilt. Sie und viele andere im Dorf kommen zum Glauben. Diese und viele andere spannende Geschichten nehmen Sie wie ein Augenzeuge mit auf eine bewegende Reise nach Indien.

Bitte fragen Sie in Ihrer Buchhandlung nach diesem Buch!
Oder schreiben Sie an: SCM Hänssler, D-71087 Holzgerlingen;
E-Mail: info@scm-haenssler.de

Heiko Krimmer

Ich glaubte
an die Zitrone

Taschenbuch, 11 x 18 cm, 80 S.
Nr. 394.060,
ISBN 978-3-7751-4060-7

Heiko Krimmer berichtet von Erlebnissen in Indien, von menschlichen Begegnungen und Nöten und immer wieder vom Eingreifen Gottes. Sie geben einen besonderen Einblick in das Leben und den Alltag Indiens. Das Buch regt dazu an, hinter der Missionsarbeit zu stehen und für diese auch zu beten.

Bitte fragen Sie in Ihrer Buchhandlung nach diesem Buch!
Oder schreiben Sie an: SCM Hänssler, D-71087 Holzgerlingen;
E-Mail: info@scm-haenssler.de